U0142891

理財規劃不求人

改變成真 幸福人生

財富傳承
公益行善
退休安養
成就事業
子女教育
結婚購房
第一桶金
獨立就業

林東振 著

CFP® 理財顧問

五南圖書出版公司 印行

推薦序一

　　受全球經濟一片低迷的影響下，在日常生活中，社會氛圍瀰漫著「放無薪假、定存利率越來越低、荷包又不斷縮水」的陰影！理財規劃成為一門重要的課題。俗話說得好，「你不理財，財不理你」，該如何做人生理財規劃，才能夠讓自己擁有更多的財富，在此刻已成為時勢之所趨；然而，當身處投資市場不佳的困境與迷惑之時，卻又常常找不到可以指點迷津的方向，一旦錯估投資理財的標的，所須承擔的風險，則更令人不堪與惶恐不安。

　　《理財規劃不求人》一書，適時因應時勢而出版，是一本以更廣闊的投資理財觀點，予以提供知識與啟發，算是一本教導理財運作的法則，以剖析各個關鍵與抉擇為切入點，有助於人生理財規劃的方向，更深切地指出辨識不同的投資性問題，以指導思考、相異的投資標的，做一個正確決策的指引，如此一來，更能夠使人了解，要如何提高投資面向和開發的機會，以創造財富與獲利的契機。

　　此書務實的理財規劃，正是當今社會景氣低迷之下，可順應時局，予人指點迷津和方向，它是從每一個面向來提供精闢的見解，也是一本值得參考的創造投資理財價值的計畫書，當然也帶給了現代人所迫切需要的新知。

中華民國立法院

財經立委　劉香蓮

推薦序二

　　我在金管會服務時，對金融消費者的保護非常重視，看到許多消費糾紛案例，固然有業務人員為了貪圖佣金，誘使金融消費者購買不適合的金融商品，而使金融消費者的權益受損；然而金融消費者若本身缺乏基本的金融知識，會使自己陷於不知如何保護自己的困境，因此我也一直致力於金融知識的推廣。

　　本書作者林東振先生，服務於財務顧問公司，擔任規劃師的工作，本身擁有臺灣與大陸兩地的CFP證照，具備專業能力與專業經驗，他寫這本《理財規劃不求人》，可以提升讀者的理財金融知識，讓讀者學習理一生之財，是一本很實用的金融知識推廣專書。

臺灣金控暨臺灣銀行

董事長 李紀珠 博士

推薦序三

　　作者林東振兄，於2004年參與本人創辦之「財團法人台北金融研究發展基金會」所屬教育訓練中心，舉辦之「國際理財規劃認證顧問（CFP）」專業認證之課程，因而結識。

　　CFP國際證照，起源於1972年美國，至今已有43年，並有23（會員國）國家（主要是先進國家為主），現有近7萬（持證人數）合格之CFP。東振兄於2005年，順利取得台灣認可之CFP，並接續取得大陸認可之CFP。此後，並獲邀至大陸授課，往返於兩岸理財規劃領域的課程。

　　本次出書，乃本其多年的專業與興趣，並有感於：理財規劃對人的一生，在財務自由的追求上，至關重要，且影響至大的實務體驗中，就相關個案予以整理出書成冊，取名為「理財規劃不求人」。就其過往的職涯歷程，以法學背景，從事保險、理財規劃顧問、不動產管理、理財教育推廣等工作，藉由這些工作歷練，出書發表其心得與觀察，應是值得期待！

　　在10年前，其全心投入CFP課程學習，進而，努力取得CFP證照，在「10年磨一劍」（本書），並曾累積100個班次授課，眾多理財講座及課程的豐富經驗，就本書的章節內容，在在充滿其經驗與智慧的結晶，緊緊扣住眾人關心的理財規劃實戰課題，對有心學習理財規劃者與閱讀本書之讀者，將有不少的收穫與可觀的體驗！亦是祝本書成為眾多理財規劃的書籍中，最不同的那一本！

台北金融研究發展基金會

董事長 周吳添

推薦序四

　　CFP（認證理財規劃顧問）持證人具備高度的專業能力，在充分授權下，可以隨時針對不同的理財規劃目標，為您檢視與分析有關理財規劃的需要，如儲蓄、投資、創業、保險、置產、信託、風險評估、退休規劃、遺產及稅務規劃等，也可以依個人的財務狀況，處理財務問題，並客觀地提供專業的解決方案。因此CFP持證人是透過理財規劃步驟，並運用綜合性的方法，客觀地提供解決方案，以達到全生涯理財規劃的目的，這是與其他一般理財專業人士只能提供某一項理財專業建議的情形下，相對比較出CFP證照的最大優勢。

　　本書作者以規劃者的角度，來探討規劃者如何站在更主動的地位，與理財規劃顧問配合，這是每一個家庭達成自己美好財務目標最便捷的方式，因此本書是值得每一個家庭閱讀及了解的理財規劃參考書。

社團法人台灣理財認證顧問協會祕書長

暨台灣金融研訓院副院長 陳泰隆

推薦序五

　　我在美國理財認證顧問協會（CFP）擔任考試認證委員，知道「理財規劃」的重要性，坊間有許多「理財規劃」的書，但是東振的這一本書卻不同，從「理財的省思」開啓理財規劃大門，按步驟談到理財工具挑選、理財注意事項（利率、通貨膨脹……等）、如何編制家庭財務報表（使用Excel計算答案）、風險及金融投資規劃、最後談到租稅的問題（個人所得稅、遺贈稅、不動產稅務、信託理財相關稅務……等），書中不時穿插著東振的經驗小故事，讓讀者可以輕鬆窺見「理財規劃」的樣貌。

　　這是一本好書！不論是目前從事理財規劃的業務同仁，或是想要了解理財規劃的家庭，都值得一讀，推薦給各位！

富士達保險經紀人股份有限公司

董事長 廖學茂

如果有一件事情，牽涉到你一生的幸福，請問你願意花多少時間和費用去了解？「一天？」「一個月？」「一整年？」，為了自己的幸福，怎麼可以不努力呢？

答案雖然因人而異，但實際上，我在不同場合遇到實際的情況，這個回應常常是：「0」！

意外嗎？先別訝異，請問您聽過「理財規劃」嗎？可能有印象，但內容究竟是甚麼卻模模糊糊；那麼，您做過「理財規劃」嗎？相信絕大多數的人會搖頭，原因可能是不知如何開始、自己沒有財經專業、不知有何幫助、何必花這個錢等，所以，一般人把這件能幫助自己透過理財，達成人生目標的事情拋在腦後，然後煩惱不知如何因應退休、子女教育、傳承等理財需求。

東振兄兼具證券、保險和不動產專長後，深感國人對理財規畫有迫切需求，可惜認知不深，因而投入理財規劃領域。他擁有豐富理論基礎與實務經驗，並獲得台灣與大陸的理財規劃師證照（CFP），為業界資深顧問。

如今，東振兄將其所學知識與實際案例融會貫通，執筆完成這本《理財規劃不求人》，內容涵蓋理財規劃各個面向，除適合理財顧問執行業務參考之外，一般民眾也可以透過本書一窺理財規劃全貌，為自己的人生理財建立穩健的基礎，進而擁有美滿人生。

財子學堂股份有限公司

創辦人兼副總經理 林成蔭

推薦序七

專家說：「人不理財，財不理你」，這句話充分顯示了兩重意義，第一重意義是理財規劃必須主動出擊，不是坐等財富從天上掉下來；第二重意義是理財並不需要高深的學問，也不用太複雜的理論基礎，但是需要不斷的自我學習與紀律，東振兄的力作《理財規劃不求人》，正是提供了一個人人都可以理財、財會來找你的方便法門，值得大力按讚，值得大力推薦！

東振兄是我政大地政系的系友，更是一高材生，本身就有深厚的土地經濟之學養，後又擴大學習視野跨入金融管理的領域，取得廣州濟南大學經濟碩士學位。進入職場後又是從事金融相關以及理財顧問等等工作，可說是個真正理論與實務兼具的理財專家，如今為文出書，將個人所學所知以淺顯易懂的方式，不藏私的公開分享給社會大眾，正是有意主動出擊幫自己理財，讓財可以來理你的人士最大的福氣。

東振兄在《理財規劃不求人》一書中說，「富貴不必險中求，理財也無需心膽顫。只要透過理財規劃的SOP，利用時間複利報酬，就可以享受投資應有的甜蜜果實。」這也點出了本書的價值，它可以是一般市井小民的理財致富寶典，也可以是金融從業人員，甚至是房仲業務人員面對客戶時的理財顧問，內容不僅涵蓋了所有的理財面向，而且都是深入淺出，讓你的理財知識如天羅地網一般，不會有任何的疏失及遺漏！

大部分的人都有個錯誤的觀念，以為要能做到理財規劃，都要找專業的理財顧問師，將大筆財富交給不認識的人來幫你理財，不過本書要扭轉這樣的觀念，讓你拿回理財的主導權，讓你

理財不求人，幫自己創造更多的財富，也能讓每個人都早日得到
財富自由。

正聲廣播電台「日光大道」節目主持人 張欣民

「理財規劃不求人」，太棒了；但真要能如此，恐怕沒有具備一點能耐，是很難做到的！讀者首先應該要認清了解：理財規劃不是在賺取超額報酬，更非追求一夜致富。

理財規劃是一個過程，在過程中讓我們更明確的認清，現在所擁有的財務資源及面臨的限制，並對財務需求做合理的設定、計畫、執行及檢討，降低過程中可能的變數所產生的衝擊與風險，讓我們順利達成未來的生活目標。

整個理財規劃過程中的每個環節都充滿挑戰，隨時都需要調整，所以若能找到一個適格的理財顧問來扮演一位家庭財務醫師的角色，從與客戶建立信任的關係、資訊蒐集（了解過去病史）、財務問診（確認目前病症）、擬定執行方案（處方籤）、執行理財方案（服藥）、檢討調整（回診）、達成財務目標（痊癒），一連串緊密相連的過程而成為客戶倚賴的顧問，而非僅只是販售商品（就像是到藥房買成藥，是否對症下藥？有沒有不適症？有沒有後遺症？都不清楚！）的金融從業人員。

東振兄本身就是一位適格的理財顧問，以其多年來累積許多專業的實務智慧及豐富的實戰經驗，希望透過本書的詳細闡述，讓讀者不論身分是自己想做理財規劃的民眾或是協助客戶做理財規劃的顧問，除了養成正確的心態、具備基本的觀念外，也能擁有充足的知識與純熟的技巧！

在大海中航行，哪怕船身多麼堅固、設備多麼先進，如果少了GPS，那是多麼危險的事啊，輕則無法順利抵達目的地，重則葬身茫茫大海。這本書（或者說是東振兄）就像GPS一樣，隨時

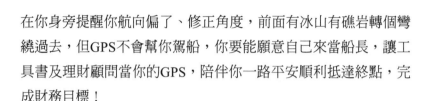

在你身旁提醒你航向偏了、修正角度，前面有冰山有礁岩轉個彎繞過去，但GPS不會幫你駕船，你要能願意自己來當船長，讓工具書及理財顧問當你的GPS，陪伴你一路平安順利抵達終點，完成財務目標！

台灣理財規劃產業發展促進會

理事長 廖一聰

練好理財基本功

　　台灣人愛買保險，但是保障卻不足；愛買基金，可是能夠穩定獲利的比率並不高；喜歡買股票，不過敢用股票存退休金的人一向很少。理財理到最後，過去10年每次做調查，大家最愛的理財工具竟然都是定存！為什麼會這樣？根據我的觀察，因為大家談理財都只推薦商品，很少人去研究方法。結果，再好的商品由於賣錯對象，當然很容易賠錢、或是慘遭套牢。理財初體驗既然不佳，自然不易持續，多數人因此乾脆選擇退回原點，靠定存理財，不敢再冒任何風險。

　　這樣的基本面配上業務員為了賺佣金，想盡各種花招去推銷，台灣的理財市場表面看十分蓬勃，但是，仔細比對各項統計數字，如前所述的各種矛盾就跑出來了。要終結這樣的亂象，一方面要靠消費者自覺，不能老是被舌燦蓮花的業務員牽著鼻子走；另一方面也得靠業務員自律，願意從協助客戶做好需求分析出發，一步步幫助客戶找到最適合的理財商品。問題是消費者如何自覺？如何發現自己的真實需求？如何分辨業務員到底是在協助我釐清問題、還是卯足勁兒要賺我的錢？看完東振寫的新書，以上三個問題應該就能解決。

　　對一般消費者來說，這本書好像一本理財地圖，從最基本的需求分析、到複雜的信託、以及稅賦規劃通通都有介紹，甚至連如何用EXCEL軟體去做退休金試算、或是如何編製家庭資產負債表、現金流量表，作者都一步步拆解給大家看，可以說是一本五臟俱全的理財方法工具書。對業務員來說，這本書可說是寫得很

仔細的一本教科書，從實務需求出發，把理財規劃各個流程中會用到的工具都做了清楚的介紹，因爲份量不輕，作者還貼心地舉出很多實例，讓讀者可以比較輕鬆地掌握這些複雜的理財知識。

簡單說，不論是散戶投資人、或是看重客戶利益的業務員，都可以藉這本書練好自己的理財基本功。當然，退一步想，本書既然是一份完整的理財地圖，消費者如果擔心業務員在吹牛、或是害怕自己的利益受損，也可以把這本書當成檢驗試劑，按著書中傳授的理財規劃流程，檢視業務員說的每一句話、做的每一件事，這樣做不敢保證你一定會買對商品、賺大錢，但至少可以讓不肖業務員現形，避免荷包失血！

SMART智富月刊

總經理暨總編輯 朱紀中

自　序

　　理財規劃是每一個家庭都必需的，但是國人目前認知仍不夠。所以，我們有時看到報導，例如退休人士把全部退休金去購買長年期的連動債，或是把全部財產押在某檔股票，以致全被套牢的例子。究其原因，大抵是不知理財目標為何，或是沒有謹慎做好理財規劃，結果令人惋惜。富貴不必險中求，理財也無需心膽顫。只要透過理財規劃的SOP，利用時間複利報酬就可以享受投資應有的甜蜜果實。人生中的種種意外、疾病與老年問題，也可以因理財規劃而規避財務風險。累積的財富移轉，有了理財規劃的幫忙，不但可以節稅，且可讓第二代合諧互助傳承。甚至規劃者已在另一個世界了，仍有一套不息的理財制度，幫忙他照顧孫輩，或是行善積德，讓其美名流芳一世。這些目標都可以經由理財規劃的SOP完成，讓幸福的財務工程獲得實踐。

　　為了幫規劃需求者來了解理財規劃，以及用何種步驟可以完成？規劃需求者何時需要顧問協助及如何選擇顧問？這些等等疑問，筆者都以規劃者的角度來探討。所以本書適合讓一般民眾了解理財規劃的意義，如果已決定做規劃，需要了解的事項等等。

　　總而言之，本書適合想對理財規劃有進一步了解需求的一般民眾，以及銀行、保險、證券及房仲等第一線面對客戶的理財顧問，用來自我參考或引用做為與客戶溝通的題材。當然大專理財相關科系的學生，想對理財規劃的內涵輪廓有清晰認識需求時，本書也是很好的選擇之一，希望本書能成為每個家庭的理財規劃參考書，藉此穩健達成各階段的理財目標，享受幸福的人生。

目 錄

Chapter 3

了解自己的財富水位─────────**15**

Chapter 4

學會貨幣價值的財務函數，一生理財
受用無窮─────────────**31**

Chapter 8

個人所得稅、遺贈稅介紹及節稅規劃————115

Chapter 9

政策性給付與金融保險商品課稅規定————137

Chapter 12

資產移轉規劃與夫妻剩餘財產分配請求權的應用————219

Chapter 1
理財規劃的前言

　　筆者在數年的授課經驗中，與大多數初次參與CFP培訓金融從業人員的接觸中，課程初期詢問學員甚麼是理財規劃，七、八成的學員都把買股票、基金等金融投資的過程當成理財規劃，也就是投資理財就成為全部的理財規劃。但經過幾週的課程後，有時筆者會擔任最末課程的全方位規劃課程，學員們藉著分組討論並製作案例的過程中，終於了解理財規劃的內涵，看學員對理財有全新的視野及態度，想必因此有更多的客戶受惠，提升整體社會理財規劃所帶來的幸福感，筆者也與有榮焉。

　　本書是試著以規劃需求者（即受理財服務的客戶）的觀點來看理財規劃，這中間有甚麼樣的過程，最後會給規劃需求者帶來何種意義？我們先從規劃需求者對理財規劃的必經過程來看看，每步驟都是讓規劃需求者一步一步取得理財的完美拼圖，他們都是重要且不可或缺的環節。

一、理財的省思

　　曾經有一位客戶跟我連絡，他說這幾天有數家保險公司及銀行提供些商品，他覺得各有優點，不知如何選擇，因此要我幫忙評估。到了客戶的地方，他急忙把資料給我，我接到資料後輕輕的把它們放在一旁，此時客戶有點訝異。我跟這位客戶說：「如果我今天沒告訴你去哪個地方，我想請你告訴我搭乘飛機、輪船、高鐵、捷運或汽車比較恰當，你會怎樣給我建議」。客戶聽完後一臉茫然無法回答，我接著說：「其實這些商品跟交通工具一樣，沒有好壞之分，它們都是中性的，至於你需要甚麼商品或工具，是否反過來看看你的目標才是重點？有了目標就知道如何採用最恰當的工具了」。因此歸納理財的省思如下：

1. **認清目標**：理財目標不外乎目標欲望的達成，與風險負擔的

減免爲主，或兼有特別性質的目標。

2. **需求與供給的概念**：理財目標最終通常是一個數字金額，這叫需求。爲了滿足需求，規劃人需放棄目前一部分消費轉爲儲蓄，以便未來可以因應並達成需求。理財規劃的需求與供給概念中有一個定律：「用最有效率的供給，完成需求」，否則即失去理財規劃的意義。

3. **訂立目標的順序與取捨標準**：有時規劃人的資源無法滿足所有需求時，必需事先訂立取捨標準。

二、認識財務水位

個人或家庭其實可以仿照企業的財務報表，來了解「家庭企業」目前的經營狀況及前景展望。而家庭財務報表以資產負債表及現金流量表比較重要，如果有了家庭財報，規劃人就如同企業的CEO，可以擘劃家庭美好的未來。

三、財務計算

需求與供給中，通常需要經過一段時間的持續準備，但要每期準備多少金額、要準備多少時間或估計的利率多少，這些一定需要做財務試算，筆者稍後將提供實用簡單的財務函數應用，當然比較複雜的部分，建議跟你的理財規劃顧問討論。

四、建構理財規劃方案及挑選工具

經過試算過程後，就可以在可行方案中，建構方案及選擇工具。例如規劃需求者想結婚後有個新房，他可以選擇租房或購房；若選擇購房，又可選比較高的貸款額度或比較低的貸款額度。這個步驟，筆者建議若本身不熟悉時，最好與自己的顧問討

論。

五、方案與工具影響稅務分析

　　理財規劃中，稅務絕對占有相當重要性，方案與工具需考慮稅負，也就是以稅後報酬來分析方案與工具的優劣。

六、方案或工具的規劃、執行、監控與修正

　　理財規劃常見跨年期的中長期方案（如退休金規劃），因此需定期監控修正，以期最終可以達成目標。

七、理財規劃達成歲歲平安及稅稅平安

　　理財規劃通常需要隨著時間逐步完成，過程中希望年年順利，每期都能讓預期目標依軌道運行，如同一片又一片美好拼圖又往完整構圖邁進，可以看到越來越清晰的未來圖像。**其實理財規劃在心理層面就是求取安心，安心與否，是理財規劃與任意無目標投資者最大分野。**

Chapter 2

理財與理財規劃
的小觀念

一、向理財顧問拿回主導權

　　前面提到商品其實是中立的，它們無好壞之分。股票、基金、保險、黃金或不動產都有其理財上的優點，問題在於它們適不適合自己的需求。也許我們自己曾經碰到過保險業務員遊說一定要買這張保單，因爲馬上就要停賣，於是就有了停賣效應。或是銀行理專跟自己提了某檔新上架的基金一定要你參考，經過廣告不斷加深自己非買不可的印象，因此產生某新基金熱賣效應。可是這些保單與基金眞是自己需要的嗎？例如，因爲家中潮濕想買一台除濕機，結果到了賣場後，賣場人員說目前烤箱在做特賣，結果我們竟然買了烤箱，而不是買原來想要的除濕機，如此不正是去滿足賣場的需求，而不是讓賣場來滿足我們自己的需求？所以我們應該告訴理財人員自己的需求，要他們去找符合需求的商品，而不是被動的被行銷不知是否需要的商品而當了冤大頭。以上例子，無非是向大家說明，不論是即將停賣的保單或新基金，買不買是以「自己眞正需求」爲依歸，而不是隨市場逐流。

二、理財包含哪些樣態

1. 賺錢：賺錢係指人們一生中的收入，主要以理財收入爲主，也就是錢賺錢的部分爲主。

2. 花錢：我們都有聽過月光族的稱號，到底是收入不足造成，或是支出太多的問題。若是由後者引起，我們就要從支出管理著手，思考如何把錢花在刀口上，所以如何撙節可能是當前的理財重點。

3. 存錢：我們每個時期都免不了有賺錢及花錢的財務行爲，如果每期當中收入大於支出，就有儲蓄的產生，我們盡可能讓

自己的財務行爲產生儲蓄的結果，這叫做存錢。而這些錢就可以成爲未來的備用資產，如何把「存錢」觀念下剩餘的錢財，做有效應用與配置？舉些例子，我們可以把這些錢財做爲投資資金、緊急備用金、或是購置自用住宅自備款……等等用途，所以存錢也是理財規劃中最被重視的事項之一。

4. **借錢**：若是現有的收入不足眼前的支出，或是買車買屋的大筆開銷，就不得不考慮借貸的問題。但是自己可以負擔的金額是多少？未來要如何還錢？借款的利率及條件是甚麼？這些都是當下我們關心的理財事項。

5. **省錢**：此處所謂省錢不是指減少花錢，而是針對我們有收入或擁有資產時，如何合法節稅，讓稅捐的負擔儘量降低。

6. **護錢**：主要是針對可以創造經濟資源的人身及資產的防護，例如，家人中的經濟支柱產生疾病風險致身故，從此無法賺取收入，則全家即陷入困境。或賴以生存的住家發生火災，可能讓人頓失依靠。當然，除了自然的風險及人身疾病風險外，還包括其他人爲的社會風險，如債權債務風險、家人爭產風險或第三人責任風險……等等。

三、理財成也利率，敗也利率

投資理財往往需要靠著時間複利的積累，100萬的本金，多久會翻倍呢？本書後面的內容會介紹貨幣時間價值函數的運算，可以讓大家在財務試算無往不利，但有個簡單的約略法則，稱爲72法則。可以快速估計資產翻成一倍所需時間，例如報酬率爲12%，則翻增一倍時間爲72去除於12，約爲6年，原資產將變爲200萬。但若是負12%的虧損，100萬的資產也會在約6年折半爲50萬。所以說理財成也利率，敗也利率，但是投資的世界難免會

有利率（報酬率）的上下波動，也是投資時最難預測的部分。

四、通貨膨脹是投資理財的最大敵人

　　通貨膨脹會折損我們的購買力（稅捐也會讓當期收入額降低），尤其長期的通貨膨脹更是如此，投資報酬率需要高於通貨膨脹率，否則我們投資理財到頭來白忙一場，不同通貨膨脹率在不同時期的購買力的影響如（表2-1）。所以若在3%的通貨膨脹率下，經過約20年後，同樣的100元只能買一半的價值商品。

不同通膨率及期間對實質購買力影響表（表2-1）

通膨率	第1年	第5年	第10年	第15年	第20年	第25年
2%	100%	90.57%	82.03%	74.30%	67.30%	60.95%
3%	100%	86.26%	74.41%	64.19%	55.36%	47.76%

五、何謂理財規劃

　　所謂理財規劃，是應用科學化方法，協助每個人對各種人生目標的設定、計劃、實行、覆核的整合性過程。其目的在達成一生的財務平衡，讓人們在人生各階段都可以預先規劃、提前準備，而期達到個人追求的價值觀。

六、需求目標設定應注意的事項

　　一般人的理財規劃目標需求有哪些？我們可從別人的經驗去參考，並發展自己的需求。

　　前面提到人們的理財需求，主要是慾望的滿足與風險的避免，許多金融保險公司也因之發展出許多協助滿足的方案，我們就是要針對自己不了解的部分，找到好的專家，幫忙自己規劃出

好方案，再去找出最適合的商品因應。其實不同人有各自不同的
目標需求，以下只是舉例供參考，想出自己的部分才是重點。目
標與價值觀是不斷問自己爲甚麼，直到無法再問下去就可得到價
值觀。以下是目標需求與想達到的價值觀對照參考表（表2-2）。

例如：問：「自己爲何要努力存錢？」；答：「要存老本」

　　　問：「爲何要存老本？」；答：「因爲到老就沒本事賺
　　　　　錢」

　　　問：「爲何擔心到老時就沒本事賺錢？」；答：「到時沒
　　　　　人養我怎麼辦」

　　　問：「沒人奉養會怎麼樣？」；答：「那生活就沒保障」

　　　問：「那生活就沒保障會怎麼樣？」；答：「會擔心不
　　　　　安」

　　　問：「會擔心不安會怎麼樣？」；答：「就是會擔心不
　　　　　安…」

結論：所以自己需要存老本，主要的價值關是爲了保障及達到安
　　　心。

目標需求與想達到的價值觀對照參考表（表2-2）

目標需求	價值觀
退休時有現金1,000萬	保障
幫助子女籌足500萬國外留學金	關愛
買一套2,000萬的新房	圓滿
爲自己家人買一張500萬保單	保障（家人）
想要把房貸提前還清	自由
想要把資產移轉且不造成紛爭	安心
……	……

1. **目標是基於價值而定**：每個人都有不同的價值觀，與價值觀相符合的目標，就能夠產生更大的動力去完成。
2. **目標必需量力而為，不可過於好高騖遠**（以現有的財富為基礎，再求更好的發展）。
3. **設定明確且詳細的目標及完成日期，目標最好具明確數字化。**

七、需求解決方案或工具通常不只一種，我們選擇的標準如何訂出

　　例如我們有一個理財目標，那是五年後需要一筆70萬的現金流出（**預估需求**），依目前的狀況，估計五年內，我們每月平均的稅後節餘為1萬元，假設現在沒有現成的資產或現金可供本目標的應用，請問規劃人如何滿足五年後的目標？每月平均的稅後節餘為1萬元，則五年的總節餘為1萬×12月×5年＝60萬（**預估供給**），與目標差距10萬元。第一種方式，我們只從每年減少開支（花錢）2萬元，即每月稅後節餘多出1,667元，1,667元×12月×5年＝100,020元，就可以解決了。或是把每月節餘1萬元透過存錢轉成賺錢，只要每年的稅後報酬率約7.71%，也可以完成目標。所以不同的方案或工具如何選擇？筆者建議從兩個標準來看：

1. **用自己主觀態度可容忍，以及客觀風險也可忍受程度內的方案或工具。** 若是執行的方案讓自己產生困擾或擔心，可能就必需捨去。
2. **選擇效率最高的方案或工具。** 就是成本最低效益最高，或是成本相同效益較高、亦或效益相同而成本最低。各項方案需以稅後成本效益衡量，因為稅後金額才是我們可支配金額，

用此標準才更具意義。

八、開始檢視個人及家庭理財需求

1. 涉及家庭理財，建議夫妻共同討論，共同構築夢想工程

美國著名的理財作家大衛巴哈說：「沒有甚麼事情比一起規劃財務，更能穩固夫妻感情，但大部分夫妻很難不爲錢而吵架」。又說：「夫妻理財可以創造財務及婚姻的雙贏。重點是兩個人同心協力，而不是分頭進行」。沒錯，在筆者與理財同業或學員交流經驗中，最常見的問題，是經常不能夠把夫妻一起請進來討論理財規劃。最常見的是，只能先跟先生或太太其中一人溝通，儘管事先一再叮嚀夫妻要一起出現。場景中先聽聞理財規劃價值的一方，頓時充滿熱情，但回去告訴另一方時，由於不知如何充份表達理財規劃的重要性，就被對方潑了一盆冷水而作罷。

婚姻中另一半就如同公司合夥人，除非家庭中是單方決定任何財務，否則合夥人採取任何行動，另一方毫無所悉，這個家庭事業的維持就頗爲堪憂。大衛巴哈建議：「夫妻都該一起管錢！不論是二十出頭的新婚小夫妻，還是七十好幾的退休老夫妻。兩個人共同合作的效率通常是分頭的兩倍，理財尤其如此」。

2. 理財規劃如球賽，先求不敗再求勝，風險控管一定要優先

在同業或學員的經驗中，他們碰到的客戶，許多人認爲投資理財是最重要，一些人聽到風險理財，尤其是保險議題，馬上把溝通的管道關閉。究其原因，大多數人都對被推銷有壓力及抗拒。過去有人情行銷、商品行銷的經驗，客戶總會忐忑不安。還有一些人會以爲保險是花錢的，或是其他種種誤解，雖然台灣在兩岸對照下，保險的推行比較久，人們也有比較好的保險觀念，但即便知道爲何要買，但要買甚麼及要買多少，仍有加強認識的

空間。

　　其實這一切都是要回歸理財規劃的範圍，我們把爲何「先保障後投資」道理舉一例子，例子中除非個案已是高資產人士。否則如果是家中的經濟支柱，不論自己在任何狀況，假設必需有1,000萬（可能是任何數字）才能供給家庭十年所需的生活費用，當人健康正常時，當然有能力可以在十年內掙錢支付，但若有意外，讓他明天無法賺取這1,000萬的收入，他該怎麼辦才好？以下圖爲例：

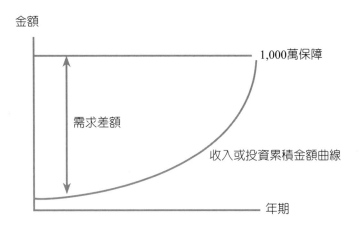

　　因此有了1,000萬的保障，立即可以築起保障線，極端一點的假設，若有某人剛用1萬元買了1,000萬的意外保障，投保生效後隔天即逢意外身故，那他這筆報酬率是多少？（當然意外身故絕對不是我們樂見發生的）：

　　$\{(10,000,000 - 10,000)/10,000,000\} \times (365/1) \times 100\%$ =36,464%，若是可以找到一年有20%的金融投資商品，此報酬率是該金融商品報酬率的1,823倍。

3. 先理債再理財

　　一般家庭的債務最常見的有消費負債及房貸，購房的房價高，尤其是在年輕成長期的家庭，除非受到特別的支助或本來就擁有高財富的家庭，否則，申請房貸是很平常的財務安排。但房貸本身有抵押品，因此房貸的負債利率較低，償還期很長，所以每期的還款額可降低，若每期的償還金額以本利平均攤還，更可控管現金流量。相對而言，消費負債多以卡債或信用貸款借得，其利率高得嚇人，還款期也短，若無法按時還款，讓利息滾入本金，利滾利的結果，最壞的情況很有可能賺的還不夠還，更糟的狀況還需變賣固有的資產，最終破產的也屢見不鮮。所以消費負債儘量可以不借就不借，借來的負債一定要按時還款，不要造成循環利息。若理財與理債兩者不能兼得，建議先還負債，之後再理財投資為宜。也唯有可以做到信用管理，再一步談積極性理財目標才是正確。

4. 理財規劃工作是以了解自己財務水平來開始

　　理財規劃是規劃現在及以後的財務安排，我們前面提及理財規劃順序是：一要認清目標、二要了解需求與供給的水位、三要訂定目標順序以為取捨標準。這都要徹底審視自己目前及未來估計的財務水位，才有辦法真正衡量。但財務水平高低必需有一定的檢測工具，其實個人及家庭也可以仿照企業經營，做出簡易版的家庭財務報表及預估表，這些都可以測度自己的財務水平，這些觀念，本書稍後也會介紹。

5. 理財規劃中需要找合適的顧問

　　國人在理財時會有財不露白的觀念，其實在數千年的傳統保守文化薰陶下，的確是個根深蒂固的傳統。但是現在的社會資訊發達，各種不同的理財觀念與產品推陳出新，若是本身並非理財

專業，面對排山倒海的各種複雜的知識。我們寧願相信專業分工，讓自己專注在本身的崗位上發光發熱，理財規劃的問題，可借助其他專業人士為自己代勞。

　　雖然每個人有不同的工作領域，但都會碰到結婚生子，承受財務的壓力，即便是不婚族，也有退休的壓力，何況人是吃五穀雜糧，難免會有健康問題，這又牽涉到醫療財務的問題。在理財上常與民眾接觸的是銀行、保險、證券、投信投顧、房仲……等等。做為一個理財規劃需求者，如何巧妙把這些人員當成自己的人生理財規劃的助力，以主動的心態，找尋適合自己的顧問們，應是理財規劃成功的最重要因素之一。

Chapter 3
了解自己的財富水位

俗語說：「知己知彼，百戰百勝」。理財規劃是一個幸福的工程，它是規劃人應用自己勾勒理財目標的巧思，並藉由向理財規劃顧問諮詢或其推薦適合的方案或工具，一步一步去編織人生可實現的夢想。萬丈高樓平地起，所有美好的開始都是從近處開始，而理財規劃的奇緣仙境就從了解自身的財富水位出發，了解現在的自己，才能規劃未來美好的我。

一、建立個人家庭財務報表需認識的小觀念

為了讓讀者更快了解，我們儘量用比較淺顯易懂的方式說明，期待讀者可以上手。

1. **流量與存量**：很多人上餐廳有把餐點拍照上傳到臉書的習慣，假設在每一道菜上桌時，就立刻一道一張拍照上傳，這是流量的概念，就是對一筆筆流動量的記錄。若是另一個人他是在所有菜色全部上完後的時點，才拍一張涵蓋所有餐食的照片上傳，這是存量的觀念，即只記錄某一時點的狀況，中間的變化不予理會。

2. **應計基礎與現金基礎**：企業的會計多使用應計基礎，是為了符合收入與支出配合原則，而現金基礎則應用在編制現金流量表。**個人家庭財務報表多數用現金基礎**，我們用一個簡單的例子來說明：如果我們今天在餐館用餐並用信用卡結帳，到了隔月我們才會支付卡費。用餐當日，照理已完成消費，如果這時點入帳，就是應計基礎。若等到實際有現金流出或流入時才入帳，就是現金基礎。

3. **成本價與市價**：非現金的資產，購入時的金額稱成本價，例如我們購買A股票1,000股共計54,000元。但一週後，同樣原本A股票1,000股可能報價47,000元，則報價當日市價為

47,000元。基本上個人家庭報表，以顯示市價為準，以成本價為輔。

4. **資產、負債與淨值**：資產就是我們擁有的財富型態或項目，例如現金、股票、基金、保單、房地產、汽車、珠寶……等等。負債有房貸、車貸、信貸、卡債、私人債務……等等。而每一項資產的市場價格，減去該資產的負債額，就等於該資產的淨值額。而負債、淨值是指此資產的來源哪些是借錢（負債），又哪些是自有資金（淨值）。例如在103/12/31日，我們清點資產，有一棟房地產估價5,000萬，當時此房地產尚有貸款2,000萬元的本金未還。那麼此房地產的資產為5,000萬，其中有2,000萬是負債，另3,000萬才是淨值。

5. **現金的流入與流出**：以個人家庭為主體，現金從第三者給入個人家庭是現金流入，如領取工資、現金利息、領取退休金，領取保單滿期金。現金從個人家庭給出第三者是現金流出，如支付利息、購買基金，支付保費、支付租金……等等。

二、編制報表的準備

目前手機APP非常流行，如果個人覺得可以上APP挑選一個適合自己的記帳軟體也是一個不錯的選擇，但不論如何都需要做一點事前準備。首先，要養成索取發票及保留單據的習慣。若遇到不提供發票的時候，也要做筆記或記得輸入APP記帳軟體。另方面開始找出財產的憑證。例如不動產所有權狀、股票集保簿本、基金受益憑證、保險單、信用卡債的帳單……等等。把這些蒐集完整就可以開始我們的工作，想想看自己擁有的財富將一一驗證，應該是準備有一番好心情來因應。

三、編制個人家庭資產負債表

(一) 編制個人家庭資產負債表應注意事項

1. 資產負債表是一種存量的觀念,建議每半年或一年編制一次。

2. 資產負債表是在某一特定日期,用盤點方式所得到的財富現況(市價計算)。

3. 自用資產有必要可以提列折舊。

4. 無法收回的債權可提呆帳為資產的減項。

5. 與企業的財務報表一樣,其等式為:資產 = 負債 + 淨值

6. 總資產 = 類現金資產 + 投資性資產 + 自用性資產

7. 總負債 = 短期(消費)負債 + 金融投資負債 + 自用負債

8. 總資產 – 總負債 = 淨值

9. 個人家庭與其經營的營利事業為不同個體,並以持有營利事業股份來表達。

10. 重點是儘速動手整理自己的財富!!

(二) 個人家庭資產負債表的內容示例

張○○個人家庭資產負債表

日期：103年12月31日　　　單位：新台幣（元）

現金／活存	xxx		卡債餘額	xxx	
貨幣市場資產	xxx		分期付款餘額	xxx	
類現金資產小計		XXXXX	應繳死會餘額	xxx	
			其他短期欠款額	xxx	
定存類資產	xxx		**短期（消費）負債小計**		XXXXX
債券	xxx				
債券基金	xxx		投資房地貸款餘額	xxx	
上市股票	xxx		金融投資貸款餘額	xxx	
未上市股票（權）	xxx		其他投資貸款餘額	xxx	
股票型基金	xxx		**金融投資負債小計**		XXXXXX
貴金屬投資	xxx				
藝品投資	xxx		汽車貸款餘額	xxx	
投資性房地產	xxx		自用房貸餘額	xxx	
保單現金價值	xxx		其他自用貸款額	xxx	
勞退帳戶額	xxx		**自用負債小計**		XXXXXX
債權	xxx				
已繳活會	xxx		**總負債合計**		XXXXXXX
其他投資資產	xxx				
投資性資產小計		XXXXXX			
自用汽車	xxx				
自用房地產	xxx				
其他自用資產	xxx				
自用性資產小計		XXXXXX			
總資產合計		XXXXXXX	**淨值**		XXXXXXX

四、編制個人家庭現金流量表

　　企業常見報表含資產負債表、綜合損益表及現金流量表。個人家庭並非營利單位且個人家庭是使用現金制，筆者認為個人家庭現金流量表已足夠應用，因此建議只再編制個人家庭現金流量

表即可。

(一) 編制個人家庭現金流量表應注意事項

1. 個人家庭的現金流量，基本不是流入就是流出，這是以個人家庭為主體之標準來看。

2. **收入流量為流入量，分為理財收入流量、工作收入流量、其他收入流量**（如受贈），基本上以綜合所得稅的所得分類，而繳交的所得稅視為收入的減項。**收入減除所得稅後的金額為可支配所得**（即可由規劃者自由配置的所得）。

3. 支出流量為流出量，分為生活支出、理財支出及其他支出（如捐贈）。

4. 儲蓄流量有正有負，常見情況如下：
   (1) 買入資產的本金及贖回的本金部分屬於儲蓄流量。例如年初以10萬元購買基金，年末現金配息1萬，並以12萬賣出。則配息1萬屬營利所得，2萬元屬證券資本利得，兩種都是理財收入。只有買入本金（流出）與贖回本金（流入）10萬部分才是儲蓄流量。
   (2) 購買有現金價值保單及提撥退休金為儲蓄負流量，到期領回依適當科目列收入。
   (3) 貸款時列儲蓄正流量，還款時本金為儲蓄負流量，還款利息部分為理財支出。
   至於貸款金額可能購買資產、當成花用或保留現金，都可在報表呈現。

5. 每期的流入量減流出量即得出每期的淨現金流量，可提供規劃參考。

6. 建議每月或每季統計乙次，需注意親自執行才可體會其意義！並可依需要調整科目。

(二) 個人現金流量表的內容示例

張○○個人家庭現金流量表

103/1/1日至103/1/31日　　　單位：新台幣（元）

營利所得	xxx		食膳費	xxx	
利息所得	xxx		醫療費	xxx	
租賃所得	xxx		房租支出	xxx	
證券資本利得	xxx		教育費	xxx	
證券分離課稅所得	xxx		娛樂交際費	xxx	
財產交易所得	xxx		交通及通訊費	xxx	
理財收入小計		**XXXX**	其他生活支出費	xxx	
			生活支出小計		**XXXX**
薪資所得	xxx				
執行業務所得	xxx		勞保及健保費	xxx	
自力農業所得	xxx		純保障商業保費	xxx	
退職所得	xxx		其他稅捐	xxx	
工作收入小計		**XXXX**	貸款利息	xxx	
			理財支出小計		**XXXX**
其他收入小計		**XXXX**			
			其他支出小計		**XXXX**
所得稅額		**（XXXX）**			
A可支配所得（收入流量結餘）		**XXXX**	**C支出流量結餘**		**XXXX**
B儲蓄正流量		**XXXX**	**D儲蓄負流量**		**XXXX**
A＋B（現金正流量）		**XXXXX**	**C＋D（現金負流量）**		**XXXXX**

淨現金流量＝現金正流量－現金負流量

五、財務的密碼── 從個人家庭財務報表透露重要的財務分析

　　以下是張先生的個人家庭財務報表，我們可以從中了解甚麼？如可以，筆者建議可跟自己的理財規劃顧問詢問不清楚的地方，以免誤解涵義或做出不正確的結果。

張○○個人家庭資產負債表

日期：103年12月31日　　　單位：新台幣（元）

現金/活存	820,000	卡債餘額	
貨幣市場資產		分期付款餘額	
類現金資產小計	**820,000**	應繳死會餘額	
		其他短期欠款額	
美金定存	620,000	**短期（消費）負債小計**	**0**
債券	200,000		
債券基金		投資房地貸款餘額	
上市股票	1,800,000	金融投資貸款餘額	
未上市股票（權）		其他投資貸款餘額	
股票型基金	1,000,000	**金融投資負債小計**	**0**
貴金屬投資			
藝品投資		汽車貸款餘額	
投資性房地產		自用房貸餘額	7,800,000
保單現金價值		其他自用貸款餘額	
勞退帳戶額	150,000	**自用負債小計**	**7,800,000**
債權			
已繳活會		**總負債合計**	**7,800,000**
其他投資資產			
投資性資產小計	**3,770,000**		
自用汽車	500,000		
自用房地產	12,000,000		
其他自用資產			
自用性資產小計	**12,500,000**		
總資產合計	**17,090,000**	**淨值**	**9,290,000**

1. 103年初購屋，並借入20年期房貸800萬元，自103年底，共繳房貸本息508,704元，詢問銀行該年底本金尚餘7,800,000元。
2. 美金定存依當時匯率換算為台幣。
3. 102年底淨值為8,360,000元；張家投入職場為15年。

張○○個人家庭現金流量表

103/1/1日至103/12/31日　　　單位：新台幣（元）

營利所得	8,000	食膳費	180,000	
利息所得	18,000	醫療費	3,000	
租賃所得		房租支出		
證券資本利得	100,000	教育費	100,000	
證券分離課稅所得		娛樂交際費	90,000	
財產交易所得		交通及通訊費	24,000	
理財收入小計	**126,000**	其他生活支出費	120,000	
		生活支出小計		**517,000**
薪資所得	1,000,000			
執行業務所得	800,000	勞保及健保費	25,000	
自力農業所得		純保障人身商業保費		
退職所得		其他稅捐（含火險）	20,000	
工作收入小計	**1,800,000**	房貸利息	308,704	
		理財支出小計		**353,704**
其他收入小計	**0**			
		其他支出小計		**0**
所得稅額	**（194,472）**			
A可支配所得（收入流量結餘）		**C支出流量結餘**		**870,704**
	1,731,528			
B儲蓄正流量	**8,120,000**	**D儲蓄負流量**		**8,320,000**
A＋B（現金正流量）	**9,851,528**	**C＋D（現金負流量）**		**9,190,704**

淨現金流量＝9,851,528－9,190,704＝660,824（正流量）

1. 房貸本息508,704元，經過計算：本金200,000元（儲蓄負流量），利息308,704元（理財支出）。

2. 今年初新購金融商品（高槓桿高風險商品）120,000元，該金融商品賣出時賺取100,000元資本利得。其他資產共產生股息8,000元及利息18,000元。

3. 儲蓄流量計算：

　　儲蓄正流量：120,000（贖回金融商品）＋8,000,000（貸款額）＝8,120,000元。

　　儲蓄負流量：120,000（新購金融商品）＋8,000,000（購屋款）＋200,000（償還貸款的本金）＝8,320,000元。

(一) 收入、支出與儲蓄的三角習題

個人財務報表中主要有資產負債表及現金流量表（現金流量表可以滿足記錄現金的流向，也可以知道收支儲蓄情況）。一般人的收支情況，有幾種差別，看一看自己是哪一種：

1. 收入－支出＝儲蓄
2. 收入－儲蓄＝支出
3. 儲蓄＋支出＝收入

第一種情況是今朝有酒今朝醉的類型，儲蓄多少取決於花多少，甚至最後是借貸度日，月光族大致屬於此類。第二種類型是未雨綢繆型，先把將來的一口飯預備好，是屬於有理財遠光的規劃者。第三種更是積極型的實踐者，既可節流，更可開源。

個人的財務比率，我們就用上面張○○的例子說明。（以下比例皆用103年12月31日為基準日）：

(二) 重要的家庭財務分析

1. **類現金資產比例**：類現金資產／總資產＝820,000/17,090,000 ＝4.8%

   類現金資產主要目的在短期的現金需求，其本身並無增值的空間。尤其是在收入及資產累積期。**建議用緊急預備金的概念保有3-6個月的支出金額即可**，以本例870,704元總支出約一半的金額435,352做為現金保留，多餘的部分，下一個年度可以轉為理財規劃的儲蓄使用，一般建議此類資產**比重不超過總資產的5%至10%**。

2. **投資性資產比例**：投資性資產／總資產＝3,770,000/ 17,090,000＝22.06%

   投資性資產是可以讓個人家庭財富增值主要來源，尤其是資

產累積期，我們期待逐步增加投資型資產的比例，並透過適當的理財規劃達成未來設定的目標。

3. **自用性資產比例**：自用性資產／總資產 = 12,500,000/17,090,000 = 73.14%

   一般來說，自用資產以自住房為大宗，自住房通常會跟其他理財目標產生競爭甚或產生排擠作用，尤其都會區的高房價更是如此。房價應占資產的多少比重才適當，通常與規劃者的價值觀有絕大關聯。

4. **負債比例**：總負債／總資產 = 7,800,000/17,090,000 = 45.64%

   此比例可讓自己了解資產的來源情況（資產來源不外是自有或借貸），同時也是衡量財務風險或槓桿比重情況。我們可以再細分短期（消費）負債、金融投資負債及自用負債各占總負債的比例。經計算如下：短期（消費）負債占總負債比0、金融投資負債占總負債0、自用負債占總負債比100%。因為短期（消費）負債通常是卡債或信貸，其利率偏高，在利滾利的情況下，很快累積驚人負債額，非必要儘可能不做此種借貸，若是已借也應儘快還清本金。金融投資負債在規劃人有保握獲利時可做適當應用，但平倉後亦應讓負債清償歸位。一般會建議若含房貸時，總負債不超過70%，不含房貸不超過30%。本例是因為是新房貸且無其他貸款，且房貸屬較低利率且償還期長，可藉時間消化負擔，所以此比例尚在可接受範圍內。

   以上是可以從資產負債表（財務狀況表）所得到的有用資訊，接下來我們再就現金流量表來探討。我們可以發揮巧思，把各種狀況分類，例如各種不同收入的占比，可供我們了解收入來源或風險，也可以家庭成員來分類，例如自己的

收入貢獻度多少，不同種類收入貢獻度多少。也可以試算家庭成員的支出狀況，有必要做預算控制時也是個很好參考數據。總之，如果各家庭成員可在其中分析，得到更多有用或有趣的資訊，期待大家可以去發掘。

5. **工作收入占總收入比**：工作收入／（工作收入 + 理財收入 + 其他收入）= 1,800,000/(1,800,000 + 126,000 + 0) = 93.46%

   一般來說，工作收入需持續投入時間及個人勞心勞力，才有現金的流入。因非屬被動式收入，所以人身的風險，諸如生命、殘疾或健康醫療，若一夕間產生問題，會嚴重威脅工作收入的來源。依照張家的狀況，收入來源幾乎是工作收入，風險保障不可或缺。筆者建議最低程度一定需購買意外及醫療保險，若能更全面分析檢討風險保障，亦是不可延緩。我們自己本身對於風險保障，也應依家庭狀況，規劃一個安全網，如果自己是一家之主，在義無反顧擔負此重責時，一定要注重相關的風險保護。

6. **理財收入占總收入比**：理財收入／（工作收入 + 理財收入 + 其他收入）= 126,000/ (1,800,000 + 126,000+0) = 6.54%

   理財收入占比顯然偏低，且是只單靠一次資本利得10萬元，才有此比例。另股息的營利所得為8,000元占280萬的股票資產（含上市股票及股票基金）的0.3%，所以選擇標的有加強的空間。建議張家可提高並轉換適合的理財性資產，以便把理財收入提高，另一方面也助於工作收入風險的降低。當然如何提高理財性資產需求，這跟張家的理財目標要互相配合，張家需認真思考才能構建屬於張家的理財規劃的幸福工程。

7. **實際稅負比**：稅額／（工作收入 + 理財收入 + 其他收入）=

194,472/(1,800,000 + 126,000 + 0) =10.1%

我國採綜合所得稅制，把各種所得統整，把免稅額、扣除額（標準扣除額或列舉扣除額擇一）、特別扣除額減除後，依照不同淨所得用累進稅率課稅。而張家實際稅負比為10.1%，即表示每賺入100元需繳10.1元的稅額。

8. **生活支出占總支出比**：生活支出／（生活支出 + 理財支出 + 其他支出）= 出517,000/(517,000 + 353,704 + 0) =59.38%

   生活支出是家庭支出中的一大項，生活支出簡單的說，是消耗現在財務資源，是現時享受的體現。人們由於收入期間有限，消費期限終身，因此我們需要把收入資源的一部分儲存，並使儲蓄下來的財務資源做有價值的投資應用，以便產生更多的財務資源供未來使用，所以需要保存並增值現時的收入。

   至於其他支出也可併入生活支出一起規劃，生活及其他支出，有個特性是金額支出相對有彈性，一般家庭是可藉由支出控管，把支出控制在可忍受範圍，其主要目的可以是為了還清債務，或是擠出錢來做其他的理財規劃。

9. **生活支出占可支配所得比**：生活支出／可支配所得 = 517,000/1,731,528 = 29.86%

   許多理財專家有3：3：3的建議。因可支配所得（稅後所得）才是家庭可運用的金額，再以此金額區分：三分之一消費、三分之一還債、三分之一理財儲蓄配置。這當然也是個原則上的建議，實際可因人調整。以張家的比例尚在合理範圍，若有其他理財規劃需要調低生活支出的金額或比例，只要有必要且在張家可接受範圍內，為了更重要的目標，把現在的享受稍稍降低，也未嘗不可。

以上是針對各表內容得出的財務比率，事實上若將兩張報表或是與其他數據搭配所成比例或數據，也可以得到有用的資訊。

10. **當期投資理財報酬率**：理財收入／（類現金資產 + 投資性資產）= 126,000/(820,000 + 3,770,000) = 2.75%

當期理財報酬率為2.75%。對於理財活動，張家似乎有改善空間，如果張家可以重新檢視理財需求，且可以配合自己的風險屬性重新做資產配置，或許有更好的選擇。

11. **當期淨值成就率**：（當年淨值 – 去年淨值）／去年淨值 = (9,290,000 – 8,360,000)/8,360,000 = 11.12%

表示103年與102年比較，創造出家庭財富增值的狀況，103年比去年增加11.12%的資產淨值。這是綜合各種財務狀況而創出新財富的衡量值，此數值老實說表現得不錯，但是研判還是從工作獲得的比例高。

12. **年平均淨值創造額**：當年淨值／投入職場或收入總年期 = 9,290,000/15年 = 619,333元。

人生財富正常狀況是隨時間演進逐漸累積，所以時間是衡量創富重要因素，簡言之，若是比較兩個有相同財富家庭，我們還需了解他們各自花了多少時間達成，較短的時間可達到同等的財富，自然是短時間獲得的家庭理財成就較高。因此可用此數據代表一個家庭每單位時間（每年）可以累積多少財富，以做為理財的長期成就考察依據。

13. **緊急備用金倍數**：類現金資產／月支出（年支出除於12）= 820,000/（年支出870,704/12）= 11.3個月

緊急備用金是日常家用的預備金，我們建議只約維持3-6個月即可。但其觀念不含重大的人身或財產變故應有的備用

金，簡單的說，若張家已做好人身及財產保障後，多餘的現金可用在更積極理財的用途。

14. **財務自由度**：長期平均穩定的年理財收入／長期平均的年支出

財務自由度是衡量只以被動的理財收入（當然也可以把長期其他被動收入加入），已足於支應其支出。所以用「長期」**兩字是爲了避免如某一年特別的豐盛的理財收入，分子變大分母不變的情況下，誤以爲已達到財務自由的標準。**財務自由重點是不需爲五斗米而折腰，但若是有能力貢獻社會，當然可以持續投入工作，尤其是可以助人的公益工作來回饋社會。若其值大於100%表示可達到財務自由，以張家103年財務報表資料，其當年財務自由度估算爲126,000/870,704 = 14.47%，因此張家還需多努力才能達成財務自由的目標。

六、理財小故事 —— 理財規劃的第一課在衡量及認識自己的財務現況

吳新典是台北內湖科學園區廠商的採購科長，最近聽了一場理財講座，有感而發，因爲自己晚婚，38歲結婚後，終於在三年後盼得麟兒，現在剛滿周歲。想想看，另一半花雨珊小姐與自己是公司的同事，兩人都是屬於享樂主義者，以前對家庭財務是一片模糊，只要薪資夠當月花用就可以了。現在可不同了，已經當起爸爸，想起未來一家之主的甜蜜負擔，小吳是既期待又不免有些恐慌。

想起未來對家庭責任，小吳眞想把理財規劃好，但是千頭萬緒不知如何是好。依稀記得理財講座主講人說：〔理財是一輩子的事，在這場戰役中，首先需要知己知彼，才能百戰百勝〕。小吳也覺得有道理，但具體還不是很了解，於是打了電話跟顧問諮

詢，顧問聽了小吳的表示，以他的經驗告訴她，小吳需要循序漸進，所以先安撫其心情，並向小吳開出了建議。請小吳利用三個月的時間記帳，把他們日常開支做記錄。並且跟他說理財的第一步功課就是知己。要知理財必需要知道有多少財可理，做好了這一步，才能往前進一步。

於是小吳就花了三個月記帳，這期間他學到一些理財概念，最起碼他知道他們賺來的錢花到哪裡去了。

三個月後顧問請他們開始製作家庭財務報表，這對他們又是頭一遭。顧問請他們先整理目前的資產，希望以本月底當天為基準日，把所有的資產做一次盤點，其步驟為：

1. 現金盤點金額。

2. 找出所以產權憑證或查詢相關單位：如存摺、定存單、債券憑證、基金憑單、股票存單、跟會單、出借款債權憑證、保單、新制退休金帳戶金額、其他金融憑證、土地及建物所有權狀、購車憑證等等。

3. 找出負債憑證：信用卡帳單、貸款帳單、借入款借據等。

4. 可以向國稅局申請財產清單協助核對

5. 針對以上資料製作資產負債表。

6. 小吳把這最近三個月收支為基礎，去推估前一年的收支狀況，以便製作現金流量表（當然有全年資料更完整）。

Chapter 4

學會貨幣價值的財務函數，一生理財受用無窮

　　我們日常生活中，經常發生現金的流入與流出。例如我們在103年年初購買一張6年期的儲蓄險保單，保費每年10萬元，一般保費是在期初繳費，所以在103至108年初各繳了6次10萬元的保費，這種在**期初繳費**、**每期繳費都不間斷**且**每期金額都相等**的現金流，稱為**期初年金**。另外的例子是在103年1月1日出租房屋，約定每月底收繳5萬元租金，則從1月31日至12月31日當中的期間，每月月末（**每期期末**）連續流入一定金額的現金流量稱為**期末年金**。貨幣價值財務函數就是在探討現金流量彼此之間相關問題，讓我們來了解一下這些貨幣時間價值財務函數可以提供我們理財時的功用。

一、甚麼是貨幣時間價值

　　在幾十年前一碗牛肉麵假設要50元，所以當時的100元可以買兩碗牛肉麵，而現在假設一碗同樣的牛肉麵要價100元，所以現在的100元只有當時一半的購買力，同樣的100元因不同的時空產生不相等的價值，就稱為貨幣的時間價值，即現在的100元的貨幣價值是當年的50%。

二、計算貨幣時間價值所需元素介紹

1. **單期與多期**：若是單期時，現金流量只有期初及期末兩個時點，若是n期時，除了有期初及期末兩個時點，另外還有（n－1）個時點，即總共（n＋1）個時點，例如6期時共有期初、期末及中間5個（6－1＝5）時點，總共有7個（6＋1）時點。

2. **現值與終值**：現值（函數符號PV），PV即期間所發生的現金流在期初的價值。終值（函數符號FV），FV即期間所發

生的現金流在期末的價值。

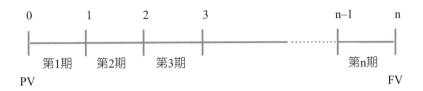

3. **期數**：期數（函數符號N或Nper）如上圖，期數共有n期。

4. **利率**：利率（函數符號R或Rate），利率依不同狀況有不同
定義，可能是存款利率、貸款利率、報酬率或通膨率。

5. **期初年金與期末年金**：年金必需符合幾個條件，一是流量筆
數相連不能有空隙，且每期金額都相等。設有n期，從0時點
開始共有連續n筆流量，稱為**期初年金**，從1時點開始共有連
續n筆流量，稱為**期末年金**。期初年金函數符號1，期末年金
函數符號0。

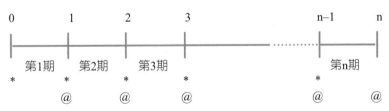

註：*為期初年金發生時點，一共有n筆；@為期初年金發生時點，同樣有n筆。

6. **現金流入或現金流出**：以規劃者為主體，流入時為正號，流
出時為負號。

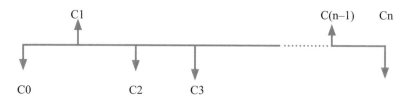

備註：箭頭往上表是流入，如C1（+8,000，流入8,000元），箭頭往下表是流出，如C0（−9000，流出9,000元）。

7. **貨幣時間價值函數**：貨幣時間價值函數共有幾個變數（R利率，N期數，PMT年金金額，PV現值金額，FV終值金額，（0,1）年金型態是期末或期初）。若是只有一項爲未知變數，其餘變數都已知時，則應用函數運算就可求出未知變數。

備註：若金流只有兩種不同性值（如只有PV及FV），兩者需用一正一負來試算。

三、貨幣時間價值計算案例（解答稍後提供）

 案例一

假設報酬率爲5%，你準備拿出10萬元進行投資，一年後，你將得到多少錢？

利率 R (Rate)	期數 N (Nper)	年金金額 PMT	現值金額 PV	終值金額 FV	年金型態 Type
5%	1	0	−100,000	?	非年金

案例二

　　假設某金融機構提供保證利率為5%，你想保證自己透過一年的投資得到10萬元，那麼你在當前應該投資多少錢？

利率 R(Rate)	期數 N(Nper)	年金金額 PMT	現值金額 PV	終值金額 FV	年金型態 Type
5%	1	0	？	+100,000	非年金

案例三

　　假設報酬率為5%，你準備拿出10萬元進行投資，三年後，你將得到多少錢？

利率 R(Rate)	期數 N(Nper)	年金金額 PMT	現值金額 PV	終值金額 FV	年金型態 Type
5%	3	0	−100,000	？	非年金

案例四

　　假設報酬率為5%，你想保證自己透過三年的投資得到10萬元，那麼你當前應該投資多少錢？

利率 R(Rate)	期數 N(Nper)	年金金額 PMT	現值金額 PV	終值金額 FV	年金型態 Type
5%	3	0	？	+100,000	非年金

案例五

　　過去老張的父親在他自己的遺囑中寫道，他將向社會福利機構捐贈500萬，但前十年將先放入某信託基金，期滿後再贈出，老張父親身故十年後的今天，該基金變成1,200萬。請問這幾年的年平均報酬率為多少？

利率 R(Rate)	期數 N(Nper)	年金金額 PMT	現值金額 PV	終值金額 FV	年金型態 Type
？	10	0	−5,000,000	+12,000,000	非年金

 案例六

　　假如我現在投資5,000美元於美元計價的產品，其一年收益率為10%，我需要等待多久，該投資才能增長到10,000美元？

利率 R(Rate)	期數 N(Nper)	年金金額 PMT	現值金額 PV	終值金額 FV	年金型態 Type
10%	？	0	−5,000	+10,000	非年金

 案例七

　　假設小張有能力分36期月繳20,000元購買汽車，汽車商提供貸款年利率6%的方案給小張，則小張可購車價為多少？（期末繳款）

利率 R(Rate)	期數 N(Nper)	年金金額 PMT	現值金額 PV	終值金額 FV	年金型態 Type
6%除以12個 月 = 0.5%	36	−20,000	？	0	期末年金 Type：0

 ### 案例八

恭喜！你中了一個足球運動彩票的頭彩2,000萬元。可是彩票公司將會把2,000萬元按每年50萬元給你，從現在開始支付，每隔一年支付一次共40年付完。如果你可以找到年報酬率為12%的機會，你實際獲獎金額為多少？

利率 R(Rate)	期數 N(Nper)	年金金額 PMT	現值金額 PV	終值金額 FV	年金型態 Type
12%	40	500,000	？	0	期初年金 Type：1

這個案例我們會發現總金額雖相同，但何時拿到錢，結果大不同，本來應是立即有2,000萬的購買力，此例價值少了許多。

 ### 案例九

小王想知道若是年通膨率為2%，現在200萬的購買力，20年後需要有多少金額才能有相同購買力？

利率 R(Rate)	期數 N(Nper)	年金金額 PMT	現值金額 PV	終值金額 FV	年金型態 Type
2%	20	0	2,000,000	?	非年金

 案例十

　　張太太目前有100萬可投資海外基金,她想5年後可獲取500萬,銀行理專告之該基金過去5年平均年報酬率為8%,若以此報酬率估算,張太太除了現在投入100萬外,未來5年內共5期,每年末需投入多少資金?(假設目前為年初)

利率 R(Rate)	期數 N(Nper)	年金金額 PMT	現值金額 PV	終值金額 FV	年金型態 Type
8%	5	?	−1,000,000	+5,000,000	期末年金 Type：0

四、輕鬆使用Excel計算答案

　　上面的例子,數個變數中有一個未知的數字,如果我們使用市售一般計算機,我們會發現它們無法提供這些計算功能,這些情況必需借助財務計算機,此類計算機市售並不普遍,且按鍵及功能操作,沒經過特別指導的課程也不易弄懂。在此建議用家用電腦都有的Excel軟體,大家可以輕鬆使用,也不需再花時間與費用去購買財務計算機。以下為簡易說明:

1. 儲存格:打開Excel界面,會看到視窗下半的位置,有一個個整齊的格子,稱為儲存格,每一格子都有編號。先注意橫軸有英文字母A、B、C、D⋯,縱軸有數字的編號。我們可

把游標點入每一個儲存格，之後我們可以Key入文字、數字
或符號，再按下Enter鍵即可。如點入〈10〉的格子，所在的
儲存格編號為A1，A1往右一格名稱為B1，A1往下一格名稱
為A2，每格子的編號左邊為英文字母，右邊為數字組成（如
圖4-1）。

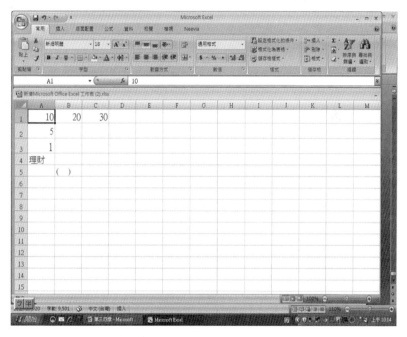

（圖4-1）

2. 數字的計算：我們可以先把數字Key入儲存格，然後作運
算，如我們要把10、20及30連加，並把答案顯示在D1的儲
存格上，我們可以先把游標點入D1的格子，然後Key入〈＝
A1＋B1＋C1〉，再按Enter即可把答案60顯示在D1格（如圖
4-2）。

註：要四則運算時，先Key一個等號 ＝，系統才知道我們要四則加（＋）、減（－）、乘（＊）、除（/），乘的符號是以Shift8輸入，/的位置在右下方Shift左側。另輸入英文字母時大小寫均可。

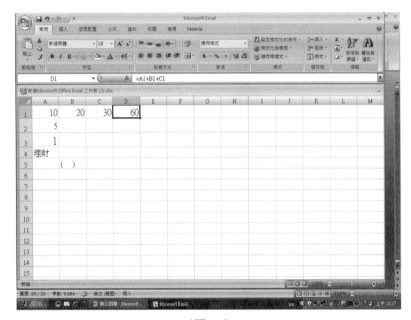

（圖4-2）

3. 如何叫出財務函數界面：把游標點入我們想顯示的存儲格（如選A1），先在下拉界面中點選〈公式〉，第二層中點選〈fx插入函數〉，此時畫面會出現對話框，若我們已知要運算的函數，例如要求算FV函數，我們可以在搜尋函數清除其他內容輸入FV，再按〈開始〉鍵，則對話框反白處即顯示FV函數（如圖4-3）：

註：我們也可在儲存格連結上方找到fx的符號，也可進入插

入函數功能。當然我們進入對話框時，也可在搜尋函數下方
或選取類別（C），下拉選〈財務〉，在往下方選取函數中
找到FV函數。

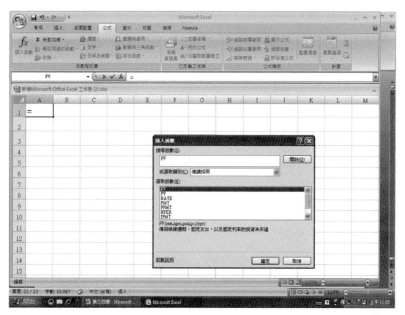

（圖4-3）

4. 如何輸入數值求得答案：依前圖4-3接續求案例三，把FV反
   白點入，依序輸入數值，再核對無誤按〈確定〉鍵，求得
   FV為11,576.25元。（如圖4-4及圖4-5）

案例三

　　假設報酬率為5%，你準備拿出1萬元進行投資，三年後，你將得到多少錢？

利率 R(Rate)	期數 N(Nper)	年金金額 PMT	現值金額 PV	終值金額 FV	年金型態 Type
5%	3	0	–10,000	？	非年金

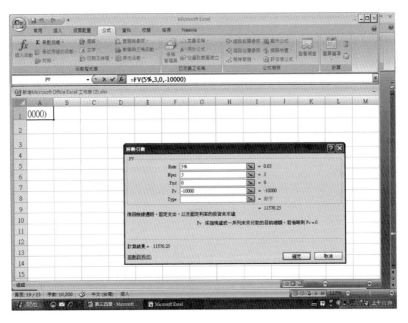

（圖4-4）

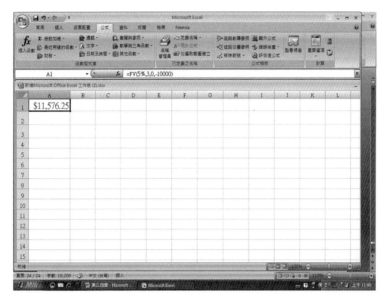

（圖4-5）

5. 請自行練習操作，並將上面十個案例的答案求出：

題號	解答
1	105,000元
2	95,238元
3	115,763元
4	86,384元
5	9.15%
6	7.27年
7	657,420元
8	4,616,515元
9	2,971,895元
10	601,826元

6. 不規則的現金流量如何求利率：以上的計算，現金流量都是規則流入流出，若是不規則的情況如何處理。例如有一個投資案需投資3,000萬元，第一年後可回收500萬，第二、三、四年各回收600萬、700萬及1500萬，請問這個投資案的報酬率是多少？關於上述求算，Excel提供內部報酬率（IRR）函數的功能可資應用，其操作步驟如下：

步驟一：

請把各期現金流量金額輸入在相鄰的儲存格於圖4-6。

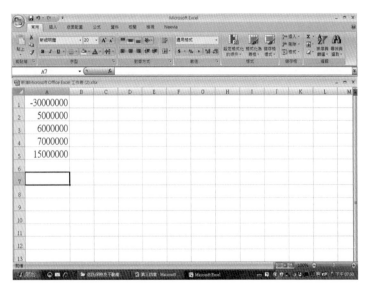

（圖4-6）

步驟二：

若我們想在A7的儲存格顯示答案，可把游標放在此儲存格上，依照前面同法點選插入函數，在對話框開啓搜索函數IRR，並點選IRR函數（如圖4-7、4-8）。

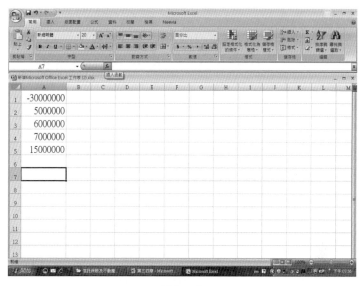

（圖4-7）

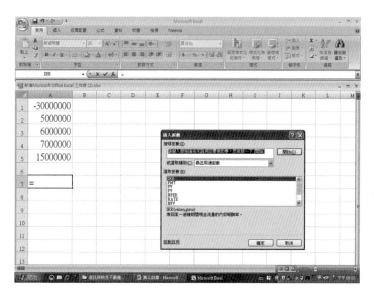

（圖4-8）

步驟三：

此時游標會停留在Value上，請把游標移往A1的儲存格，按住右鍵不放，並拖曳至A5儲存格後放開（如圖4-9）。最後在對話框按下確定，在A7儲存格即出現3.28%的答案，代表此方案報酬率為3.28%。（如圖4-10）

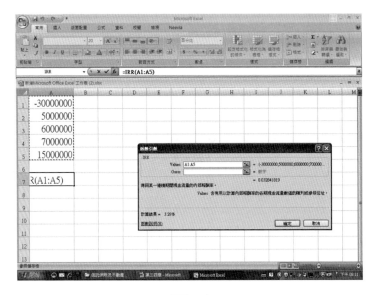

（圖4-9）

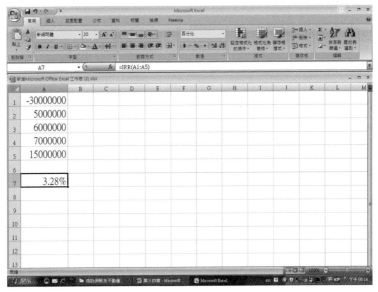

（圖4-10）

Chapter 5
風險及金融投資規劃

一、理財規劃的步驟

　　理財規劃的本質不是教我們一夕致富，也非要我們富貴險中求，而是希望我們依自己的風險屬性與財務狀況，藉著事先規劃與安排，以完成人生各階段的財務目標，如結婚、購屋、子女教育、退休養老……等等。在這時間背景下，也企盼可以抵禦財務風險。最終目標在追求個人的價值觀，可以把自己的生活型態引入認可的自我體現，而達成人生幸福的境界。所以理財規劃的流程與架構，筆者用下列簡單流程及規劃重點與說明圖來解釋之（如圖5-1、表5-1）：

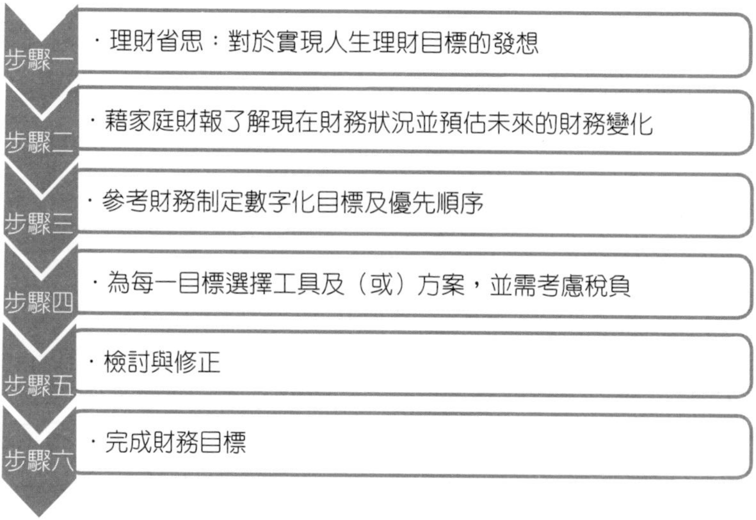

步驟一	・理財省思：對於實現人生理財目標的發想
步驟二	・藉家庭財報了解現在財務狀況並預估未來的財務變化
步驟三	・參考財務制定數字化目標及優先順序
步驟四	・為每一目標選擇工具及（或）方案，並需考慮稅負
步驟五	・檢討與修正
步驟六	・完成財務目標

理財規劃步驟流程圖（圖5-1）

各步驟規劃重點及說明表（表5-1）

步驟別	規劃重點及說明
步驟一	心理建設：充分了解理財規劃意義，自我溝通並發起行動。
步驟二	理財規劃的準備：藉助制定個人家庭財報，了解個人家庭資產財富及收支狀況。
步驟三	設定目標的原則： 一、參考財報訂立目標，不要過分不切實際。 二、一般目標分類： 　　1.風險防護目標（例如人身、財產、責任風險）。 　　2.增值理財目標（例如教育金、退休金、購屋金）。 　　3.其他特殊目標（例如節稅、資產移轉、慈善捐贈）。 三、探討目標實現的價值觀。 四、將目標數字化。 五、制定目標優先順序。 　　1.建議風險及債務信用管理目標優先儲蓄增值目標。 　　2.風險目標中，人身風險保護優先財產風險保護。 　　3.債務信用管理中，高利率的消費負債管理優於低率長期負債。
步驟四	一、找出缺口：各目標需求額減預估已準備額 二、依缺口制定方案及選擇工具。 　　1.風險保障等防禦目標，同效果下選擇成本低的方案。 　　2.儲蓄投資要做風險評估，測定風險可忍報酬率，並與最低實現報酬率，資產預估報酬率比較，以做資產配置參考。 　　　例如：規劃者風險忍受報酬率為6%，其有一個10年後教育金準備200萬的規劃，規劃者每月可為此目標儲蓄1.5萬，則只約2%報酬率（最低實現報酬率）就有機會完成，若目前可以找到一個適合的投資工具，預估報酬率5%（資產預估報酬率），尚低於風險忍受報酬率6%。若以5%報酬率規劃方案就可以提出，讓規劃者儲蓄額降低至1.3萬以內即可。 三、整合各方案，算出需求總金額，並作可行性現金流量預估。 　　（例如，規劃人月收入8萬，若各方案總金額超出此金額過多，則勢必修正目標或方案）

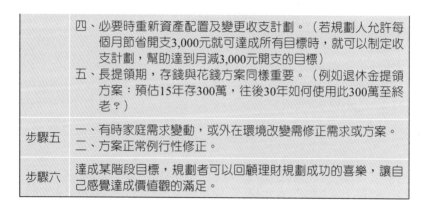

	四、必要時重新資產配置及變更收支計劃。（若規劃人允許每個月節省開支3,000元就可達成所有目標時，就可以制定收支計劃，幫助達到月減3,000元開支的目標） 五、長提領期，存錢與花錢方案同樣重要。（例如退休金提領方案：預估15年存300萬，往後30年如何使用此300萬至終老？）
步驟五	一、有時家庭需求變動，或外在環境改變需修正需求或方案。 二、方案正常例行性修正。
步驟六	達成某階段目標，規劃者可以回顧理財規劃成功的喜樂，讓自己感覺達成價值觀的滿足。

　　第三章我們提到如何制定家庭財務報表，一旦清楚自己的財務狀況後，再思考自己的目標，才不會制定過高或過低的目標。以張家的例子，如果我們是張先生的話，可能需要的目標是甚麼？也許我們認知風險的防護應優先於積極性欲望理財需求，所以想想張先生可能的風險是甚麼？可能是交通的意外無法帶來收入致擔心生活費及教育費付不出來，可能是害怕萬一有重大疾病的大筆醫療費困擾，或是擔心房子失火……等等。但這些問題的描述，一定要具體數字化才行，例如萬一交通或其他意外發生時，希望有現在可支配收入五年或十年開支的意外險保障額。所以我們參考第三章張家財務報表中可支配收入約175萬的五倍爲875萬，或是年支出約87萬的十倍爲870萬。所以張先生就可以用購買意外險保額約870萬當爲A理財目標，保費支出假設爲每年8,700元。同樣的張家的教育金、退休金規劃……等等也可經規劃當事人或理財規劃顧問的協助，把每一個目標需求數字化。之後，再整合各個不同目標，各自試算需要多少財務資源的缺口。其間不同的需求必需評估及選擇適合的解決方案或工具，因此我們會依據方案結果，將個人或家庭的原有資產重新配置或是重新

安排收支情況。也許隨著時間演變，家庭狀況也產生變化，這時規劃者需做必要的檢核修正，以便逐步達成一個個目標。

　　理財規劃過程中的步驟四，有比較多且複雜的事項，建議不是自己有把握的部分，可以向不同領域的理財規劃顧問詢問。我們用裝修房屋舉例，這中間我們可能需要設計師或是油漆、木工、機電、管線、水泥……等等師傅，如果自己懂油漆工程，可以自己來。但如需更換浴室管路工程，若自己無此方面技術，當然可委由管路專家協助。或又如自己想要有一定美感與品質的大裝潢，可能需各別找不同師傅，但每個環節及與不同人間的溝通就是大問題。此時不如找個有團隊的設計師，或其本身就具備多專長的師傅來處理。同樣的道理，若自己的理財規劃是比較全方位的需求，涉及有投資、保險、稅務、不動產……等等需求。此時理財顧問已具備各別的專長及經驗，且又有整合性理財規劃的證照的人員應是不錯的選擇。台灣目前也引進少數幾個整合性理財規劃專業證照，持證人有證券分析師、會計師、地政士及其他證券、銀行、保險、信託…等等專業人員參與。值的一提是，有一張兩岸三地有志一同推廣的CFP®證照，是比較特別的狀況，若需進一步了解，請參考台灣理財顧問認證協會的網站介紹，其網址為www.fpat.org.tw。

二、理財規劃的方案與工具

　　如果一個人要從甲地到乙地，我們必需知道啓程點與目標點的名稱，我們才有辦法建議好的交通工具。其實就我們目標的設定，有了目標才能規劃或設想出合適的方案或工具。例如要從台北到高雄，我們可有陸路、海路或空路三個方案，如果最後是決定陸路，又有高鐵、台鐵、高速公路客運、自駕車等等工具選

擇，基本上各有優缺點，但如何決定又是另外需評估的課題。理財規劃中目標實現過程，可以用個例子說明：如果一位旅客到了陌生城市，招了一部計程車，小黃司機一定要問旅客或旅客主動告知司機目的地，問題來了，要去的目的地是旅客清楚還是司機清楚？要是旅客不肯定告訴司機地點，或跟司機大玩猜謎，結果一定到不了目的地，最後受害是客戶自己。如果一開始就清楚告訴司機正確地點，司機憑其對路況的熟悉，定可迅速幫旅客送至目的地。這個故事中，到底哪些是旅客可以到達目標的因素，是旅客的指令？還是司機或是那部計程車？若以理財規劃中的角色而言，我想旅客就是規劃者，如果沒有規劃者的指令，哪裡都到不了，而那個指令就是理財規劃目標。司機就是比較知悉理財規劃領域的理財規劃顧問，他的職責就是協助旅客到達目標，而計程車就是理財方案或工具，沒有方案與工具，就無法有效進行目標的推動。

三、風險理財規劃

　　一般家庭最常用的風險管理工具大概就是保險了，其實保險只是風險管理工具之一，我們打算先探討一下有關風險的一些概念，我相信可以幫助大家更多思考風險及風險管理的重要性，知道風險是何意義，才能加強自己防範風險的意識，進一步重點才能選擇正確的風險管理，以便降低風險對個人及家庭的衝擊。

1. 風險如何定義

　　風險是甚麼？我們會定義：偶發的、會帶來損失、其不確定的後果與人們預期有所偏差的事件。偶發是可能會發生，或是肯定會發生但不確定發生時間。當發生時純粹風險一定會有損失，投資風險可能有得有損。且風險，通常與我們預想不到的狀況發

生，令我們措手不及。有個例子：某人想自殺，並預先買了砒霜服毒身亡，此事件以當事人立場是否是風險事件，答案可能是否定的。另外一個例子：有一個孩子以為砒霜是食物或糖果而誤食身故，就符合風險的定義。

2. 風險事件是如何產生的

風險事件的產生通常經過四個過程，第一是風險曝露，人們開車上路就曝露在可能的車禍風險，前段文內小孩誤食毒物，是因其存在可接觸到毒物的環境中。第二是風險因素，會使風險發生可能性或損失變大的事件，例如酒醉駕駛、車子缺乏安全保養，或是把砒霜放在小孩容易接觸的地方。第三是風險事件，有了風險曝露及風險因素還不一定會產生風險，直到小孩誤食砒霜，或酒醉駕駛造成車禍才成為風險事件。第四是風險損失，因為車禍或誤食毒物的風險事件，之後帶來人身及財產的損失。

3. 個人及家庭如何管理風險

風險管理流程：

A. 風險識別

B. 風險評估

C. 對策選擇

D. 對策的實施、監控與調整。

第A項風險識別說明：要風險管理，就先要知道個人及家庭立即或潛在的風險是甚麼以及存在何處，我們可以從個人及家庭可能發生的風險事件來找答案。相信一般人都可以十之八九說出，問題還是在知易行難，發現了也知道了，然後卻沒就風險管理採取行動。人身可能的風險不外是：生、老、病、死、傷、殘等等事件。若是家中有較貴重的資產可能因遭受損壞或失竊等損失。或自己不慎損傷第三人的人身或財物，而必需賠償的事件。

　　第B項風險評估說明：例如某人認知人有身故的風險，若其是一家之主及經濟支柱，思考萬一明天意外身故時，家庭如何維持以往的生活？小孩的出國教育金尚無頭緒？或是家用新購房車貸如何償還，或擔心如果車輛碰損失竊、產生第三人的車禍災害該怎麼辦？風險評估，其實就是評估風險事件的發生機率與發生時的損失。所以可以機率大小及損失大小做排列組合，機率低損失少的事件，大概也不值得處理。機率低損失大，這可能需特別小心處理（如身故風險）。機率高損失少事件，重點應在降低發生機率上。至於機率高損失高的事件，可是處理要務，但是可能棘手到無法處理，最後採取敬而遠之的規避，讓它連發生的機會都不准，例如碰到某過敏原，容易致重病，就要絕對避免曝露在可能感染的環境。**風險評估的重點是估算風險事件的損失期望值，其公式為：風險發生的機率×發生時的損失。**例如保險公司計算其壽險損失，每一個保戶身故假設需理賠100萬，若75歲者預估死亡率為萬分之十，則當年75歲之年齡因身故，保險公司需理賠損失為$1,000,000 \times (10/10,000) = 1,000$元。

　　第C項對策選擇說明：從上項以機率與損失的排列組合，在風險管理中主要有四種方式因應，以下逐一說明：

　　第一類：**風險規避**，藉著迴避曝露風險環境達到規避風險。例如擔心飛機失事的意外，那就以不搭乘飛機來因應。

　　第二類：**風險控管**，在風險事件發生前做好防備，例如出外時設定好防盜鎖，讓宵小不易進門竊取財物。風險事件中抑制風險，例如安裝火災偵測噴水器，遇火災可自動噴灑抑制火勢。風險事件後的補救，例如發生風災後，啟動發放補助及清理現場，以補貼或減低災民損失。

　　第三類：**風險自留**，例如對老舊機車隨意停放屋旁，自認可

以遺失也可負擔風險損失。

第四種：**風險移轉**，對於一旦發生風險時，無法承受損失的事件，當事人於是將損失的風險轉嫁給他人。例如跟保險公司購買壽險保單，或與第三者在合約上約定自己的免責條件。

我們依機率的大小與損失的程度，配合此四種風險管理種類適用時機整理如下：

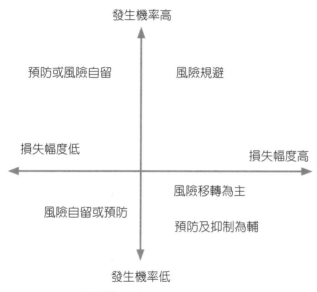

風險管理適用象限圖（圖5-2）

第D項對策的實施、監控與調整的說明：風險管理對策實施後，對於理財規劃者來說，需注意管理監控並適時調整。例如糖尿病的患者，為了健康的因素，除了飲食控制，也要注意量血糖及用藥，並且要定期看醫生，並依醫囑調整健康管理的方式。

4. 家庭風險管理的目標

　　家庭的風險管理，尤其是財務風險管理，一般家庭管理風險的目的何在？要如何衡量管理優劣呢？根據所接觸的規劃者或理財從業人員的觀察，一般人對於家庭的風險管理重視程度，一是**家人的健康風險管理**，若有疾病或意外造成醫療需求，希望可以有好的照護，及早康復。二是**經濟中斷風險承受能力的管理**，若是家中成員，尤其是經濟來源者生命有所不測時，其他成員需有多少財務準備才有安全感。這包含但不限於如家庭負債的支付、家庭日常費用的支應、意外者的後事費用、未來需要實現的目標如教育金、無薪主婦未來的老年費用……等等可否維持。這兩個目標是普遍被重視的家庭風險管理目標，當然不同的家庭背景有不同的風險管理目標，有些企業主重視避免企業的風險波及家庭的風險、有些家庭有稅負過重的風險、……。這些風險規劃者若可以自己更深入了解，清楚並可以描述其擔心的風險，之後不論是自行尋求方案，或是透過專家或從業人員的協助，相信可以降低家庭風險。防護家庭風險，讓自己無後顧之憂，更安心去開創事業或追求自己的人生目標。

5. 保險在風險管理中的應用

　　如上所提保險是重要的風險管理工具，其在風險管理中與其他管理工具之不同處，主要在於有高度槓桿原理，我們可能只用1%的成本，就得到100%的保障。比較起來，這是風險管理中最具效率的工具之一。通常我們一般接觸到的保險商品究竟可以解決何種問題，我們要如何應用？就要仰賴我門平常如何發現家庭可能風險，而這些風險有哪幾種適合用保險商品解決。只要一一比對，就能讓保險成為家庭風險管理的利器。

6. **規劃者必需了解的幾個重要保險原則**

　　A. **最大誠信原則**：這是保戶與保險人（保險公司）都要遵守的原則，此原則是在說明，在投保的過程中，雙方對於評估是否承保的重要條件，都需基於誠信告之對方，例如被保險人有義務告之疾病史，保險公司要告之本保單保障項目與不保障的除外項目。

　　B. **保險利益原則**：此原則在界定誰可以以要保人的身分，幫誰以被保險人的身分購買保單。一般來說，人身保險在投保時需有保險利益，財產保險在出險需有保險利益。**依照保險法第16條規定要保人對於左列各人之生命或身體，有保險利益。**

　　(1)本人或其家屬。

　　(2)生活費或教育費所仰給之人。

　　(3)債務人。

　　(4)爲本人管理財產或利益之人。

　　C. **補償原則**：主要是規範財產保險，一般人身無價，例如投保壽險500萬，出險時就理賠500萬元。但如投保財產保險500萬，可不一定賠500萬，理賠時要參考當時的財產價值，若鑑定值是400萬，就不可能賠償至500萬。除了看出險時財產價值，還要看是否足額投保。總之，理賠不會超過保額，也不可超過鑑定額。

　　D. **近因原則**：這是關係保險公司賠不賠錢的依據。近因是導致損失發生最直接、最有效、且具決定性的原因。例如車禍造成人員當場身故，那麼車禍就是損失的近因。另外一個例子，若是某人因心臟病發作身故，心臟病就是損失的近因。若某人投保的是意外險，因爲心臟病非屬外來突發的原因，不是意外險保障項目，因此保險公司就不會理賠了。

7. 一般常見保險商品特性及應用

依據保險法的規定，人身保險分為：人壽保險、年金保險、傷害保險、健康保險。財產保險分為火災保險、海上保險、陸空保險、責任（保證）保險、其他財產保險（即不屬前面分類的其他財產保險），財產保險中與家庭比較有關的是火災保險、責任保險及其他保險中的車險。而人身保險中的人壽保險是最多樣變化的商品之一，可與其他的種類商品搭配，是保險公司多功能的主力商品。茲將比較重要的特性分析如下（表5-2）：

保險商品特性及應用表（表5-2）

種類	近因：意外／疾病	理賠原因	保障：終身／定期	可能需求原因
人壽保險（死亡保險） 1. 依保障期有終身與定期區分 2. 依保額變化有平準型與增額型 3. 依是否附加功能有純壽險及複合型（如帳戶型醫療）	都包含	身故／全殘	有終身也有定期	1. 家庭費用。 2. 全殘者工作收入補償或自身生活費。 3. 家庭未完成理財目標補償。 4. 安定家人情緒。 5. 遺產稅負來源。 6. 家庭債務償還。 7. 其他理財需求（例如臨時周轉）。
人壽保險（生死合險）	都包含	保障期身故及全殘理賠，或一定期間生存也會有生存給付。	有終身也有定期	1. 保障兼儲蓄（多些儲蓄，但純保障功能降低）。 2. 可做未來目標給付（如三年一次旅遊金、退休金）。

人壽保險（結合如：醫療、長期照護、殘疾給付、失能給付、重大疾病……）	原則應都包含，但各別保單需另檢視規定	身故／全殘以及附加功能理賠，詳見保單規定。	有終身也有定期	1. 身故及全殘的保障項目（保障項目變多，可能讓純壽險保障降低）。2. 附加的醫療、長期看護需求。
年金保險	生存給付	生存期間或特定期間一次或分期給付保險金	生存期間	1. 退休金。2. 其他生存目標給付。
傷害保險	只有意外	意外身故／殘疾及醫療	一般為定期	1. 意外身故保障（同壽險）。2. 自身殘疾生活費、醫療費及照護費。
健康保險	都包含	1. 意外或疾病所需醫療費 2. 一般分實支實付與日額型 3. 另有重大疾病或癌症險，保障範圍不盡相同	有終身也有定期	1. 醫療費補助（如病房差價、手術費、補充健保不賠部分、照護費、復健費）。2. 醫療期間收入補償。

備註：不同公司出的保單越來越多樣化，保障種類、保額變化、生存金領取規定、……都有不同，所以投保時對保單條款規定，尤其是甚麼賠甚麼不賠，需要求從業人員說明清楚。

8. 費率表的小常識

　　保險公司推出的保險單不是免費的午餐，我們必需支付保費，保險公司會提供及整理費率表給規劃者參考。以壽險費率表為例，保險公司會以男女及年齡別標示單位保額的費率。例如30

歲的男姓，20年繳每1萬元的保額年繳多少錢，當然如果想要月
繳、季繳或半年繳也都可以計算。以名目金額而言，當然年繳金
額會比較低，並以此類推。壽險費率主要由死亡率、預定利率及
費用率組成。如果想計算20年繳終身壽險每萬元保費是如何決
定？我們大略說明一下。我們每期所繳的保費稱爲總保費，**總保
費大致上可區分爲純保費及保單預定費用**，純保費是代收轉付的
概念，保險公司原則不在這一塊獲利。而預定費用是保險公司的
管銷成本及服務費的來源。其計算過程舉例如下，每萬元純保費
等於10,000×30歲男姓預定死亡率（其資料是依據經主管機關核
定，每一家國內保險公司銷售的保單都會揭露其根據的資料），
假設算出的金額是310元（即預期的期望值），因保費是前收
但是費用是往後攤，所以保險公司等於預收金額，因此之故，
要給消費者一定的利息，假設預定利率爲2%，所以純保費實收
310×(1 − 2%) = 304元，另假設該保單依預定費用率計算出的費
用每萬元保額爲10元，則總保費金額爲304 + 10 = 314元。每家保
險公司費率，基本上差異不大，但多比較也可發現費率划算的保
險公司商品，但要提醒除了考慮費率之外，保險公司的財務是否
穩健、服務品質好不好，是大家更要關心的。附帶提醒，**預定利
率不是報酬率**，兩者不能混爲一談。

9. 等待期（觀察期）的規定會有何影響

　　對於某些健康型保單會有觀察期的規定，例如90天的觀察
期，表示保單生效之後還需經過90天，才會眞正有保障。投保健
康險要特別注意此規定。另外，保險公司對健康險的核保會比較
嚴，因此有投保需求的人要趁本身健康時投保，以免要投保時被
保險公司拒於門外。

10.如何設定要保人、被保險人、及受益人，結果大不同

　　保單的銷售者自然是保險公司，保險法中稱為保險人。至於身為消費者的規劃人，**需在保單上決定要保人、被保險人、及受益人等有關資料**。依照保險法第3條規定：「**本法所稱要保人，指對保險標的具有保險利益，向保險人申請訂立保險契約，並負有交付保險費義務之人**」。要保人是保單的當事人，與保險公司是保單合約的相對人，約定當被保險人有事故時，要保人所指定受益人可以取得保險理賠金，當然要保人也可以是被保險人或受益人。簡單的說，當尚未發生理賠時，這張保單作主的人是要保人，包括變更保單內容、解約、保單借款都由要保人發動。保險法第4條「**本法所稱被保險人，指於保險事故發生時，遭受損害，享有賠償請求權之人；要保人亦得為被保險人**」。保單中有關醫療、殘疾、生存年金的保險金等，受益人的對象都為被保險人。但是死亡保險，因是以被保險人身故為條件，所以受益人不可能為被保險人。保險法第5條：「**本法所稱受益人，指被保險人或要保人約定享有賠償請求權之人，要保人或被保險人均得為受益人**」。規劃者設定要保人、被保險人及受益人等三種角色，若是不適當時，輕者可能產生稅負增加問題，重者或是造成烏龍一場。之前聽過一位保戶在業務員朋友推薦下投保，可能有些人情負擔，只想少繳一些費用，因此要求以小孩當被保險人，因為保費比較便宜，核保之後就把保單束之高閣。幾個月後，這位保戶先生出了意外，太太突然想起有張保單，火速到保險公司的櫃檯想申請理賠，可想而知結果如何。基本上被保險人應是被依賴者，也就是一旦他發生事故會影響家中經濟之人，因為不情願下投保，也未評估保單保障的價值，胡亂投保的結果，實可引為借鏡。

11. 階梯型遞減壽險保額的概念

一般家庭在結婚、生子與購房的初期，是家庭責任負擔的高峰，此期間是家庭生活保障保額的高點，但隨著貸款逐漸還清、子女成長就業，通常家庭生活保額的需求是呈現遞減的狀態。有一種投保概念在初期即可因應規劃，例如初期需要300萬的保額，以後需求保額慢慢下降。我們可以把保單分成三張，投保20年期定期險100萬、第2張投保15年期定期險100萬，第3張投保10年期定期險100萬。這樣保額就分三個時段，自動達到遞減的效果。因為到了屆退休期，理財的重點在沒有工作收入進帳，但需有足夠持續數十年現金流量以供生活。以及足夠支付有品質的老年醫療、照護與安養的能力，如此才有安心且有尊嚴的晚年。

12. 風險理財規劃的流程

風險規劃是一個家庭理財的金字塔底層地基，如新蓋的大樓如有地基不穩，家庭隨時有倒塌的風險。以下介紹風險理財規劃的流程，筆者建議在規劃中任何步驟有疑問時，應隨時向自己信賴的理財規劃顧問或保險業務員查詢。

步驟一：參考自己的財務及日常生活狀，找出自己現在或潛在可能面臨的風險。

步驟二：這些風險中除了自我可管理之外，列出無法承受而需風險移轉購買保單的有哪些項目。

步驟三：估計每一個風險的保額。

保額估計參考表（表5-3）

項目	需求明細
壽險（身故）	1. （　）年的生活費，計（　）萬元 2. 子女高等教育金，計（　）萬元 3. （　）年貸款額（　）萬元 4. 後事費用（　）萬元 5. 稅金來源（　）萬元 6. 遺贈額（　）萬元 7. 其他需求（　）萬元
年金保險	（　）年後使用，每（　）年使用一次，至（　）期滿
重大疾病險保障	需保障（　）萬元
住院醫療： 依不同商品有終身型、帳戶型及一年期（通常有最高投保年齡限制）	實支實付型： 一次住院限額（　）萬 一次住院最高（　）天 病房費每日（　）元 手術費每次（　）元 雜費（　）元 日額給付型： 一次住院最高（　）天 住院每日（　）元 手術費每次（　）萬（基數），（依不同手術比率×基數）
防癌險（*部分與住院醫療可能重複）	初次罹患給付（　）萬 *住院每日（　）元 *手術費每次（　）元 義乳重建單側（　）萬元 骨髓移植手術（　）萬元 癌症身故（　）萬元 門診醫療每次（　）元 出院療養每日（　）元
長期看護險	每月需求（　）萬，持續（　）年或終身 一筆性的需求（　）

意外險	意外保障（　）萬 意外住院每日（　）元 意外傷害醫療每次（　）元
財產保險： 財產保險非常多 樣性，有時還有 自負額或不同條 件規定。	1. 住宅：主體火險（　）萬＋地震險 　　　　屋內動產（　）萬 　　　　其他：第三人意外責任或其他補貼 2. 汽車：車損種類（　）及保障（　）萬 　　　　竊盜（　）萬 　　　　第三人責任：體傷（　）萬，財損（　）萬 　　　　其他：乘客險、強制險

備註：各保險公司商品都有差異，有需要請詢問保險公司。

　　步驟四：計算各風險的缺口保額，即（總需求額）減（已投保額）

　　步驟五：計算各缺口保額所需保費

　　步驟六：與所有理財需求整合，評估現金量流量許可狀況（多年期的考慮）：

　　狀況1：正常的現金流量可以供應，則無需調整規劃。

　　狀況2：正常的現金流量稍不足供應，規劃者願意且實際調整收支即可支應，則無需調整規劃。

　　狀況3：規劃金額超過可供應現金流量太多，規劃者無法因應，則需依規劃順位將各目標需求捨棄或降低額度，並再測試出可行結果，確立新額度。

 案例

　　小張目前整理財務狀況及設定理財目標，依去年收入扣除非經常性收支（有一些收支可能只出現一期，所以需排除此一因素），去年的年可支配所得為80萬，支出為35萬，資產中可

做重新配置爲150萬。他有A理財目標要在10年後完成，除了現有資產配置100萬外，已計算出每年尙需投入10萬。B目標5年後完成，除了現有資產配置50萬外，已計算出每年尙需投入5萬。另有房貸年付18萬10年後到期。若小張的風險規劃每年需10萬元共需繳10年，請問總規劃可行嗎？

爲了符合財務上保守原則，小張的顧問建議收入預估不考慮增長率，支出以1.2%的年增長預估，並以Excel試算如下（圖5-3）：（假設今年初規劃）

年期	年收入	年支出	A目標	B目標	房貸	保費	年結餘額
	800000	-350000	-1000000	-500000			
1	800000	-354200	-100000	-50000	-180000	-100000	15,800
2	800000	-358450	-100000	-50000	-180000	-100000	11,550
3	800000	-362752	-100000	-50000	-180000	-100000	7,248
4	800000	-367105	-100000	-50000	-180000	-100000	2,895
5	800000	-371510	-100000	-50000	-180000	-100000	-1,510
6	800000	-375968	-100000		-180000	-100000	44,032
7	800000	-380480	-100000		-180000	-100000	39,520
8	800000	-385046	-100000		-180000	-100000	34,954
9	800000	-389666	-100000		-180000	-100000	30,334
10	800000	-394342	-100000		-180000	-100000	25,658

可行性現金流量預估Excel圖（圖5-3）

從小張的現金流量預估，在第5年會有1,510元的缺口額，但透過當年的收支調整與前4年度的結餘應可支應。但依預估表，小張每年結餘並不高，小張仍宜小心控制每年的收支額。

　　步驟七：與信賴的理財規劃顧問或保險業務員洽談提供自己的需求，並與其討論如何有效率購買保單，並完成投保。

　　步驟八：定期檢討與修正。例如設定一至三年定期檢視，或是在家庭狀況及財務狀況發生比較大改變時，立即調整。

四、金融投資規劃

　　台灣目前金融環境越來越開放，除了一般境內投資外，離岸或國外投資也非常盛行。政府更針對OBU、OIU等等抱持積極的態度。如此之下，金融商品眞是如百花齊放。但有明確理財規劃需求目標的金融理財，一般待解決或要被滿足的理財目標事項通常有必需實現目標的時間限制。所以跟一般無明確目標，或只爲套利的金融投資，會有不同的考慮，所以坊間許多投資秘笈，短線交易的策略，或許不一定適用所有的理財規劃目標。以下針對理財規劃目標需以金融投資來完成的情況，以及相關規劃流程事項予以說明。

1. 規劃者財務發展周期的界定

　　一般人在就業後到退休前有不同的財務發展周期，因此有不同的財務或投資的需求。其周期劃分成三個階段：**一、累積階段。二、鞏固階段。三、支出階段。**從開始就業到成家初期爲**累積階段**（成家至40來歲左右），這個階段的特色，由於是家庭形成期及成長初期，隨者家庭成員增加，生活支出不斷增加，若是爲了購買自用住宅，貸款負擔更沈重，因此儲蓄增加緩慢，但此時規劃者站在時間有利的一方，因此**累積階段投資理財的風險承受能力比較高。**成家初期當然非常辛苦，但是隨者工作純熟，慢慢有了升遷機會，或是創業逐漸穩定，財務開始好轉，資產累積加速，並進入鞏固階段。等到了家庭成長後期和成熟期，子女

獨立工作有了收入，家庭支出也降低，或是房貸也還清，早期資產投資也累積到高頂，**鞏固階段投資理財以穩健為主**（40幾歲至退休前）。過了不久，必需從工作崗位退下，工作收入沒了，因此開始以累積的資產來支出，所以**支出階段理財宜保守**（退休以後），避免風險過大的投資，以永保安康為重。

2. **報酬的概念**

　　小張年初投資了某股票20萬元，年末時配發股息1萬元，並以22萬賣出，則其**當期報酬率**？經計算：（1萬利息 + 2萬資本利得）/20萬本金 = 15%。一般投資報酬率多以年報酬率表示。

　　若是小張另外投資100萬某基金，其中利息全部滾入本金，小張3年後贖回價格為120萬，請問其年化報酬為多少（即3年共賺20萬，則相當1年的報酬率是多少）？我們前面的章節介紹過貨幣時間價值的計算，大家可以回溫一下，我們一開始投入100萬，這是現金流出是負值，第0期是PV = –1,000,000元，期數是3年，所以N = 3，3年後領回流入1,200,000元（FV），PMT = 0，所以求報酬率Rate就等於6.27%，即**多年期的總報酬換算成年化報酬率為**6.27%。

　　若小張購買A基金，該基金股息滾入本金，第一年存入後即未加減碼，第一年初淨值10萬，第一年末淨值10.2萬，第二年末淨值10.1萬，請問各期的**報酬率**各為多少？

答案：第一年（10.2-10）/10=2%；

　　　　第二年（10.1-10.2）/10.2=-0.98%

　　假設投資商品在四年之內有如下的報酬：10%，–5%，20%，15%。那我們如何求出年平均報酬率，其方法有兩種：**幾何平均報酬率及算數平均報酬率**。一般算數平均數在各年度不同報酬時，計算平均報酬率有時會高估，所以多年期平均年報酬以

幾何報酬為正確值。

幾何平均報酬率的算法如下：

$$\sqrt[4]{(1+10\%)(1-5\%)(1+20\%)(1+50\%)}-1=9.58\%$$

算數平均報酬率的算法如下：

$$\frac{10\%-5\%+20\%+15\%}{4}=10\%$$

3. 風險的概念

如果今天把錢放定存，利率言明是2%，則到期就可明確拿到2%的報酬。但如果銀行理專告訴我們，某股票基金的預期報酬率（期望值）是8%，我們買進之後，是不是可以預期一年後報酬率一定為8%？當然是不確定，也許我們年末實際是20%的報酬，也可能是–15%的負報酬。所以這種偏離預期報酬率的結果，**稱為報酬率的風險，也就是投資報酬率的不確定性通常稱為風險**。至於存款存入後，則可以確定拿2%，此稱為無風險報酬率。我們都聽過股票基金比債券基金預期報酬率高，但也伴隨著較高風險，指的就是股票基金報酬率上下震盪比債券大得多。而**衡量震盪程度大小稱為標準差，標準差的值越大表示風險越大**。舉例來說，某股票預期報酬率為9%，標準差為15%，我們可以把它想像是搭乘雲霄飛車，報酬率有時高到加兩個標準差到39%（加2個標準：9% + 2×15%），有時又低到–21%（減兩個標準差：9% – 2×15%）。當然以機率的概念，**過高與過低的報酬率出現機會比較少，而報酬率靠近預期報酬率9%機會高些**。

4. 風險的來源

為甚麼投資報酬率會產生風險，最常見的說法，**風險來源有系統性（整體市場）及非系統性（個別商品）**。以股票為例，當發生政經、軍事動亂時，所有的股票無一倖免都會被波及，造

成整體報酬率下跌。或當政府採取貨幣寬鬆政策，如美國的幾度QE政策，會讓股票價格上漲，而預期報酬率自然往上波動。以上提到不論政府政策及整體金融、經濟體系的變動所引發的報酬率變動是全面的，投資人無法扭轉，因此稱為系統性風險。而非系統性的風險，如各別公司因各別事件，只會影響該股票的風險，如某藥商新藥上市，受到市場歡迎，可望營收創新高，分析師建議買入，使其報酬增高。或是某公司遭遇國外廠商無預警控告侵權官司，而致股價連續數日跌停收盤。要知，各別的股票占所有的股票權重如滄海一粟，除非其造成連動風險，如2008年金融海嘯，否則只是各別的曇花一現，所以稱為非系統風險。**有學者研究只要挑選有效分散的十家股票做投資組合，基本上各別的風險就會被分散掉，但是系統風險還是無法避免。**

5. **風險與報酬的關係**

　　若是以存款（或短期的國庫券）、債券及股票舉例，存款的預期報酬率最低，但確是一個無風險的利率。債券預期報酬率會高於存款利率，但其有報酬率波動的風險。股票是三者間預期報酬率最高，但相對風險也最高。**所以我們可以說，要求高報酬必需冒高風險，但是反過來說，冒高風險就可以獲得高報酬就值得存疑。**

6. **為甚麼好的投資組合可以分散風險**

　　我們投資時最害怕的事項之一，就是報酬率過大的波動，讓我們提心吊膽。畢竟我們只是一般投資人，就資金、專業、產業訊息取得靈活度、投入時間與人力等等，實在無法與投資機構相比，猶如小蝦米對大鯨魚。個人建議做好風險控管是重要的工作。還好一般的理財目標，都有時間的優勢，理財目標的投資通常不是要我們一天或一次定輸贏。而是用時間來分散風險，風

險的其中重要的一種方式就是做好投資組合來分散風險。用一個
淺顯的例子說明：小張想在本地做一些買賣，假設小張的資金剛
好可以批進100副太陽眼鏡，或是100套雨衣，這兩種產品批價與
售價都一樣。小張打算做每一個輪迴100天的買賣，設若雨天時
可以在當天賣出1套雨衣但太陽眼鏡就賣不出去，不下雨時，反
之亦然。於是小張先批100副太陽眼鏡，第一個100天共有雨天30
天，所以賣出去70副眼鏡。第二個100天碰到梅雨竟然下了80天
雨，讓小張只賣出20副眼鏡。小張覺得營業額差距風險很大，如
果想長期做下去，不知如何是好。因此請教朋友小李，小李向其
獻策。他請小張去詢問中央氣象局，**他從中查到本地10年來的統
計每100天下雨的機率是40天，也就是長期而言，每期批進100個
太陽眼鏡可以賣出60副。所以他最終思考何不每期批進60副太陽
眼鏡及40套雨衣。如果這統計資料是正確時，小張的生意長期是
如何不難想像。**在投資的世界也是類似狀況，例如我們可以找到
A商品及B商品，A及B的報酬率是負相關（類似前例不是下雨就
是晴天），例如經過我們配置A商品權重60%，B商品是40%，若
是因此A報酬率上漲1%，B的報酬率就下跌1%，就如同今天賣不
出眼鏡就可以賣出雨衣，天天有業績。所以我漲1%你跌1%，報
酬率的波動就被抵銷，此時稱A及B報酬率是完全負相關。當然
在真實的投資世界要找到完全負相關非常困難。但依照投資專家
的研究，如果將A股票及B債券，做適當的比例配置，的確可以
在預期報酬率不變下，降低了風險。

7. 應用時間也可以分散風險

　　理財規劃中，有些目標是一段時間後才需實現，如此使規劃
者有時間可以累積資產，另一方面也可用時間分散風險。**藉著投
入時間的不同，可以不同的成本取得資產，達到平均成本降低的**

效果。我們介紹幾種可以用時間分散風險的方式，希望規劃者可以參考應用：

　　A. 定期定額：在每一期投入一定金額購買資產，當資產單位淨值高時，表示股價高，此時應逢高減碼，反之亦然。舉例，當資產淨值從高到低，再從底部漲到原來高點，呈現〈U〉型走勢。此種情況就可以達到分散成本效果，若走回到原投入價附近贖回即可獲利，模擬如下表5-4。

U型走勢模擬表（表5-4）

期數	投入額	單位淨值	可購單位數
1	10,000	10	1,000
2	10,000	5	2,000
3	10,000	2	5,000
4	10,000	5	2,000
5	10,000	10	1,000
合計：50,000元		合計：11,000單位	

合計投入額50,000元，總購買單位11,000單位，平均每單位成本約4.55元（50,000除於11,000）。
第5期每單位淨值10元，若贖回時每單位淨利約10 – 4.55=5.45元，總利潤11,000（單位）×10（第5期單位淨值）– 50,000（投入總成本）=60,000元

　　B. 定期不定值：與前面逢高減碼、逢低加碼的原理一樣，其差別例如：可設定當來到某一個低點時，當期投入更多金額，以達到逢低更多加碼的效果。當然在高點設定減碼，同樣可達到逢高更多減碼的效果。

　　C. 定期定值：在投入時即用一定的報酬率計算要達成目標時每期末的預估金額，當來到當期末實際金額低於預估金額時，

即加碼金額購買到達預期金額,反之亦然,採多退少補策略。此機制是在當市場上漲報酬率高於預設報酬率就逢高減碼,反之亦然。此概念其實是美國哈佛金融學院Michael E. Edleson教授提出,原理有點複雜,我們試者用簡單貼近的類似方式來說明,假設一個目標在未來的10年時間以現在的價值計算為500萬,但考慮有通貨膨脹的問題,假設未來要存的總額是522.3110萬。平均預期報酬率為6%,所以重新求出每期約396,266元(Rate = 6%,N = 10,PV = 0,FV = 522.3100萬)。上面是以期末投入計算,例如第2期FV為816.308元,(Rate = 6%,N = 2,PV = 0,PMT = –396,266),計算各期FV只要改變N,其他不變。則計算每年期末應累積金額如表5-5:

定期定值示意表(表5-5)

第幾期末	預估累積額	舉例
1	396,266	1. 假如到了第2期末,實際累積額為810,000元,則需加碼買入資產816,308 – 810,000 = 6,308元。
2	816,308	
3	1,261,552	2. 若第3期末,實際累積額為127萬元,則贖回資產1,270,000 – 1,261,552 = 8,448元。
4	1,733,512	
5	2,233,788	
6	2,764,081	
7	3,326,192	
8	3,992,030	
9	4,553,618	
10	5,223,100	

8. 用ETF等指數化商品分散風險

投資經理人有主動型及被動型，主動型的投資是積極的選股及選時，隨著經理人的判斷轉換標的。而被動型的經理人，是選擇貼近某大盤模擬走勢。ETF也是被動式管理的，ETF（Exchange Traded Funds），即交易所買賣基金。由於ETF的投資組合與指數內容相仿，所以投資一單位ETF等於投資一籃子的股票，因此可以分散風險，有時隨著成份股的調整，也自動達成汰弱換強的機制。最早的ETF是1993年發行的標準普爾500指數ETF，此後，針對道瓊、那斯達克等指數的ETF紛紛問世。近年來又誕生了針對特定行業、國家、地區及原物料的特殊ETF。例如台灣目前也有台灣50指數、台灣中型100指數可以選擇。

9. 投資理財目標規劃步驟

步驟一：理財目標發想及具體數字化描述

小敏是新婚人妻，她非常希望有個巴黎浪漫之旅，蜜月旅行因為時間及經費的限制，只能在國內花東三天兩夜之旅。小敏小姐心中常想，若能跟夫婿同遊巴黎，觀賞文藝氣息極高的羅浮宮，暢遊塞內河風光，兩人手牽手，一同漫步在艾菲爾鐵塔和凱旋門，看著巴黎美麗的夕陽，走近妝點極致歐風的咖啡館，慢慢品嘗香味四溢的濃醇espresso，兩人眼神深情對望，世界為了彼此因此而暫停了。

理財目標如果可以視覺化，可以幫助我們堅信只要堅持一定可以實現。如此可以讓我們為了此目標而努力。但是，一個目標，尤其是財務目標一定要具體數字化。例如小敏為了巴黎之遊，她希望3年之後擁有20萬的旅費去實現夢想。這3年及20萬就是具體的財務目標。在理財目標設定時，我們鼓勵讓全家人一起討論這個幸福的計劃，這個過程一定是溫馨又歡樂的時光。

步驟二：理財目標的優先順序，及預備B方案

萬一自己的財務資源沒辦法實現所有的目標，我們的B方案是如何？是捨棄次優先的目標、還是把目標額降低、或是把目標期延後……等等。

步驟三：評估投資理財的方案及其執行與檢核

我們已經把目標構思後，下一步就是評估投資理財方案。這個步驟建議可以諮詢信賴的投資分析專家或理財規劃顧問，就已擬定好的理財目標與其討論：

A. 理財方案委外與自操程度選擇：

第一種：全權委外，例如可以尋求合格的全權委託投資機構，包況信託業、投信投顧、證券經紀業、保險公司保單委託投資……等等。規劃者可向全權委託機構，詢問可否接受操作，如此只要依固定計劃撥入儲蓄款即可。

第二種：套餐式委託，某些金融機構，針對某些理財目標，例如退休金的儲蓄計劃，設定某幾個套餐供選擇，例如有積極型、成長型、穩健型及保守型，供不同風險屬性的族群挑選。

第三種：諮詢式自操，例如目前坊間有服務規劃者，在網路開立國外券商戶頭。並且定期提供投資報告，有必要時也可提供規劃者諮詢，但原則是鼓勵規劃者自行下單管理。

第四種：完全自操，對於有優異投資理財能力的規劃者，也可選擇自行操作。例如投資型保單，基本上某些公司已把各類型的投資標的網羅，規劃者可自行選擇操作，某些公司也會提供報表，及訂定投資策略達成點提醒服務。

B. 風險屬性測評

基本上服務比較正規的金融機構會提供規劃者風險屬性評估問卷，以便讓規劃者了解本身風險主觀或客觀的忍受程度，以供

選擇方案。（如圖5-4及圖5-5）

某金融機構風險屬性評估問卷（圖5-4）

資料來源：匯豐銀行網站

某金融機構經風險屬性評估後建議可選分級方案（圖5-5）

來源：中信銀網站

C. 目標與方案的配對

規劃者可以選擇一目標一個投資組合的方案，其優點在容易
了解且單一目標容易管理。**第二種是多目標共用一個投資組合方
案**，其優點在於可以使資源彈性調動應用。第一種方案的使用舉
例：例如我們可以把目標用實現期時間排列，2年後的國外旅遊
金15萬使用定存配置，5年後的購買套房自備款200萬用債券基金
萬來配置，25年後的退休金500萬用股票型基金配置。而第二種
方式是把所有目標用一種組合資產當成一個大水庫，平常計劃儲
蓄或額外省下的金額都可丟入水庫，某項計劃需要用錢，就從此
水庫取出應用。當然也可以一部分理財目標使用第一種方式，其
他用第二種方式。

D. 各目標配置資源的順序

**先從現有資產去做各目標配置，不足的部分再由之後每期的
儲蓄額支應。**若是規劃者現有可配置資產50萬，以上例，國外旅
遊金、套房自備款及退休金的三個目標，現有的50萬絕對不足支
應，所以我們先把50萬在此三個目標做配置，不足再用未來儲蓄
資源來完成。原則上現有資產先在近期目標配置，以此類推。

E. **預估各目標需配置現有資產及未來儲蓄額各需多少金額**

若仍依前例，2年後的旅遊15萬，若定存利率2%，約放入
14.5萬即可。若另兩個目標各配置17.75萬（共配置50萬）。接
下來5年後的購買套房自備款200萬及25年後的退休金500萬，
每年該如何估計儲蓄額？假若規劃者經過風險屬性評估屬成長
型，可接受假設8%預期報酬率的風險。對於5年後期間較短，
規劃者希望較保守，願以穩健型假設6%投資，因實際投入較8%
為低，未超出規劃者的風險，一般可以接受。而退休金規劃者
就以8%來預估。每年要儲蓄多少金額，我想應難不倒讀者。以

5年後的目標為例，我們可用貨幣時間的函數計算，自備款準備儲蓄額每年需約31.27萬元（Rate：6%，N=5，PV=-177,500，FV=2,000,000，求PMT值），當然你可除以12，等於月儲蓄額為2.61萬元。同樣也可求算退休金月存約4,400元，兩個目標月存金額約30,500元。

　　F. 綜合所有目標（包含但不限投資理財目標）試算現金流量可行性：（參考本章圖5-3及其相關說明的原理。）

　　G. 在市場上搜尋可以滿足6%及8%預期報酬率，但風險儘量降低的兩組投資組合。

　　由於金融機構、投資分析師或理財規劃顧問，必定有不同的背景與專業，所以即便同一個目標，規劃出來的投資方案或投資標的也不同，我們曾提過商品本身無好壞之分，只要適合自己最重要。因此顧問可能推薦股票、債券、基金、投資型保單……等等。這一部分，規劃者如選擇諮詢顧問處理，應該深入與顧問溝通，把自己真正的目標、可能碰到的問題，對顧問配置的商品為何可以幫自己完成目標、商品的風險屬性……等等，可以反覆與顧問確認，最後找到一個信賴的機構下單。**成熟專業的理財規劃顧問做建議的時候，完全站在規劃者的立場思考，所有他建議的任何商品不一定屬於自己公司發行，而是幫規劃者找最合適的，且他也不會期待規劃者一定透過其下單，以便拿到更多的佣金。所以他可以用最客觀的立場，幫助規劃者，並以忠肯的顧問為其角色分際。**

　　H. 後續的追蹤與修正管理，直到完成目標：

　　如果規劃者與理財顧問或機構簽定後續的資產管理同意書，顧問將依約定持續提供服務，包含：目標變動的處理、定期的績效報告、執行資產管理及需要的資產再配置工作。

　　此處所謂的資產管理是指規劃開始到完成目標前，對於投資策略的追蹤執行，以確保目標可以完成的所有管理工作。投資的策略有不同的哲學及實施原則，茲舉一個例子供大家參考，並請參考（表5-6）：

　　假設小張在實現理財目標時，他想採行一部分配置可以隨市場變化，追求更高的報酬可能，另外部分採長期穩健處理。經與顧問討論後，70%為長期穩健配置。30%以該投資公司預估來年投資展望報告中，對於市場的分析，每年都積極更動投資標的，以追求更高報酬。於是顧問建議用「太陽花的配置法」，分成核心資產，是以長期穩健成長為主，並建議此水庫以某ETF基金占80%，搭配某債券基金20%。另部分為衛星資產配置，該小水庫先依投資公司明年展望，假設以小型公司股占80%，並保留20%現金及貨幣基金短暫停留，預計兩個月內轉換購入其他資產應用。所以接下來規劃核心部分用「恆定混合法」處理，該核心資產以ETF占80%、債券占20%做為固定的比例，並在期末做資產重配置。假設本期ETF價格上漲率高於債券，到了期末ETF已占90%，債券占10%。此時賣掉部分ETF並購入債券，讓其維持80%比20%的比例，反之亦然。此種策略是當ETF上漲時減碼，下跌時加碼，即達到低買高賣的效果。

核心與衛星配置比例建議表（表5-6）

風險屬性	保守		穩健		積極	
投資能力	核心組合	衛星組合	核心組合	衛星組合	核心組合	衛星組合
低	100%	0%	90%	10%	80%	20%
中	90%	10%	80%	20%	70%	30%
高	80%	20%	70%	30%	60%	40%

　I. 有紀律的執行計劃

　　筆者有一位朋友，他是以定期定額的方式做為執行方式。在08年的金融海嘯時，他的資產呈現負50%的報酬，在那時有許多投資人認賠殺出，或停止月扣款了。但他持續進行扣款，現在的績效已轉成正50%報酬，且在低點時購買更多的單位數。

　J. 長提領期，如何花錢與累積期的賺錢一樣重要。

　　經過漫常的累積期，終於到了收割的時後。老張已接近退休了，預估退休時可累積500萬的退休金，現在又要擔心，退休後可能還要過20、30年的使用期，500萬夠不夠？要如何分配？一般來說，若提領期只有一期，或少數幾期，大致上不會有問題，不過類似退休金需橫跨好幾十年，如何有效且不虞匱乏應用，的確是個問題。在此提供幾種建議，規劃者可依自行需求參考。

　　第一種：**定期定單位提領**。如果規劃者希望提供至少25年，並要求多加5年的彈性。我們可以把累積的資產單位數除以30，每年依此單位數贖回，則可保證領回30年，但雖是同單位，若單位淨值不一時，每年的領取額將有差異，其實這就是變額年金的提領方式的概念。

　　第二種：**購買即期年金**。保險公司會依照購買人年齡，有無最低保證年金需求及其他保險公司管銷費用等考量，制定單位保額的費率表。一般所謂最低保證年金，是擔心人走得太早，買了保單卻幫其他長壽者做貢獻，所以至少可以留一些給子女。所以可以預算每年或每月希望提領的金額，就可依約以事先規劃的條件投保。

　　第三種：**不動產反抵押**。有些老人家有房產無現金，就可以用此方式。即由專辦機構評估當事人及房地產狀況後，評估可以承做的條件後，每期向申請人給付金額。等申請人過世後，專辦

機構將此房產收回或與繼承人協商處理應用方式。例如香港按揭
證券有現公司承辦香港當地安老按揭計劃，針對香港的老人安養
已有一定成效，可以值得借鏡。我國行政院也在102年2月26日院
臺內字第1020125925號函核定「不動產逆向抵押貸款制度試辦方
案」，稍後再討論相關話題。

　　第四種：定期定值提領。此種方法指每期可以提領相同購
買力的金額，也就是考慮通貨膨脹的因素。如果退休帳戶仍投
入一定報酬的股債投資組合資產，理論上我們可以用恆定混合
法（可行方法之一），固定以一定比例股債贖回投資的資產來因
應提領。只要提領率在某一個安全的提領率範圍內（如果過高的
提領率，例如每年要提領本金的20%，如此市場上能提供如此高
的預期報酬率，簡直是天方夜譚），不但可以順利提領，還有機
會留下遺產給子女。如投入資產預期報酬率6%。期初本金若為
500萬，若考慮通貨膨脹2%因素，首年初預計提領500萬的4%等
於20萬（第2年後每年以2%調高金額）。則30年後身故後仍可留
約等於本金額的遺產。（Rate約：(6 – 2) = 4%，N = 30，PMT =
200,000，PV = –5,000,000，Type：1，求FV之值）。提領比率，
可依不同報酬率或通膨率下做試算。但這只是理論，因為資產有
報酬率波動的風險，所以要有更多的實證來支持。

　　第五種：定期定額提領。如果我們以每年4%的20萬固定金
額提領，若其他條件與第四種相同，則成功率更高，可留遺產也
更高。

五、退休財務估計之計算案例

　　退休時點的缺口：退休時需求（減）預估退休供給（政府規
定給付加自行準備的部分）

例如張先生35歲，預計65歲退休，並且退休後預備20年退休生活。

　　退休需求是以現在貨幣價值每月3萬，若通貨膨脹率1.5%，退休時相當為4.7萬，若退休時點可領月年金1.5萬，因此當月缺口3.2萬，首年缺口3.2×12 = 38.40萬。則各種狀況應準備情況如表5-7。（若考慮退休資產報酬率時設定2%，每年費用缺口若提高時依增長率1.5%預估）

不同狀況退休當時約需準備退休金總額（表5-7）

	只考慮報酬率	只考慮通膨率	兩者都考慮
總缺口	628萬	904萬	729萬

備註：只考慮報酬率是退休後資金仍有報酬率，且每期提領金額固定的狀況。只考慮通膨率是指退休後資金無報酬率，但提領額會隨物價上漲的狀況。兩者都考慮表示退休基金本身有一定報酬率，且提領額也會隨物價上漲的狀況。

六、理財案例小故事

1. 家庭背景

　　陳先生35歲，原為台灣某食品大廠駐大陸的主管多年，因雙親病情需照顧，所以返回台灣。回台灣後任職某顧問公司委任經理人，指導大陸台商之品管顧問。陳太太35歲，幾年前服務的公司經營不善，經領取資遣費後，之後找到目前工作，負責人資主管。女兒明年將參加高中入學考，預估應可順利考上，太太及小孩都在台灣就業就學。

2. 家庭財務

　　陳家原借住親戚家，總是感到不自在，陳太太最近聽聞房地合一稅實施後，買賣稅金可能增加，因此想趕在2015年前購買房

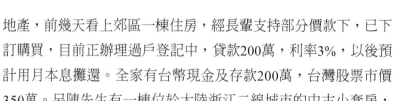

地產，前幾天看上郊區一棟住房，經長輩支持部分價款下，已下訂購買，目前正辦理過戶登記中，貸款200萬，利率3%，以後預計用月本息攤還。全家有台幣現金及存款200萬，台灣股票市價350萬。另陳先生有一棟位於大陸浙江二線城市的中古小套房，無貸款，目前市價約值新台幣240萬，大陸人民幣定存換算台幣40萬，大陸基金市價換算台幣45萬。目前先生收入預估數年後，因顧問工作比較不穩定，預估未來五年年收入台幣100萬，以後年收入50萬（台幣）。太太年收入50萬，預估增長率3%，太太選擇勞退新制，自己及公司各提列6%，假設勞退基金長期平均報酬率為3%。先生為委任經理人，不提勞退金。以往日常生活開支月3萬元，年度生活費用：學費6萬元，旅遊5萬，其他9萬，年保費10萬元（收入均為稅後，生活支出增長率3%）。

3. **保險狀況**

先生投保終身險壽險保額50萬，定期險保額250萬，意外險保額300萬，終身醫療日額1,000元，太太定期險保額250萬，意外險保額300萬，終身醫療日額1,000元，小孩定期險保額50萬，意外險保額50萬，終身醫療日額1,000元，勞、健保依規定投保。先生勞保年資10年，太太年資12年，新制勞退年資已累積2年，預估退休時可累計27年。

4. **理財需求**

(1) 若只考慮立即發生意外身故時，先生希望知道，若至少保障10年生活開支費用，連同教育金及房貸，現有的保障夠不夠？

(2) 小孩教育金，高中每年準備屆時6萬元，大學每年屆時25萬元？

(3) 房貸希望五年內還清？

(4) 先生希望25年後與太太一起退休，月費用現值3萬，另希望每年可到其大陸的房子居住及旅遊，費用現值5萬、退休後使用20年？現有的生息資產不投入，為了退休規劃，其家庭以後每年應儲蓄多少金額？

5. **理財規劃**

(1) 保險規劃：若各項金額都以現值計算，並考慮對方收入。經計算先生及太太保額需求，對照現已投保額無需增加，因此暫時不需更動保單。先生保額需求：（房貸200萬 + 教育金現值118萬 + 十年支出現值660萬）－ 太太工資現值500萬 = 478萬，目前保額已足夠，因此無需增加。太太保額需求：（房貸200萬 + 教育金現值118萬 + 十年支出現值660萬）－ 先生工資現值750萬 = 228萬，目前保額也可滿足，因此也無需增加。

(2) 教育規劃：由於學費立即就要使用，由收支結餘中支出。

(3) 房貸規劃：房貸月供3.5973萬元×12月 = 年供額43.1249萬，每年的收支結餘也可支應。

(4) 退休規劃：

(4-1)退休金需求：退休費用現值41萬，經通膨率3%調整，至退休當年需求約為85.8449萬。（平均月投保薪資以43,900元估計）

(4-2)退休金供給：

A. 勞保年金：先生43,900×1.55%×35 = 23,816

太太43,900×1.55%×37 = 25,177

合計：48,993

減額年金夫妻年可領48,993×80%×12 = 470,328

備註：

1.勞保給付標準有A或B兩式，可擇優選擇：

　A：平均月投保薪資×年資×0.775％＋3,000
　　元。

　B：平均月投保薪資×年資×1.55％。

　（平均月投保薪資較高或年資較長者，選擇
　　第B式較有利）

2.**減額年金**：被保險人保險年資合計滿15年，
　惟尚未符合本條例所定老年年金請領年齡條
　件者（65歲），得提前請領老年年金，每提
　前1年，依原計算金額減給4％，以提前5年請
　領為限。

B. 勞退：太太月薪4萬，公司提列6％，以後年薪依
　3％增長，假設勞退基金報酬率3％，至退休每月
　可領9,609元，相當每年可領115,308元

C-1.計算退休金缺口：經計算退休當年缺口272,813
　元

　（858,449－470,328－115,308＝272,813）

　設退休後實質折現率2％，則至退休時點，總缺
　口4,550,101元。

C-2.退休金缺口自籌方案：

　a.透過客戶的風險測評，得知其可投資7％報酬率
　　的產品。

　b.依照年報酬7％計算，每年儲蓄71,940元應可實
　　現目標。

c.考慮年退休規劃儲蓄額，經試算各年度現金流
量均可滿足需求。

個案研究現金流量分配表（表5-8）

現金流量分配表					
規劃前			規劃後		
年稅後收入	1,500,000		年稅後收入	1,500,000	
項目	金額（元）	占收入%	項目	金額（元）	占收入%
月度開支	360,000	24%	月度開支	360,000	24%
學費	60,000	4%	學費	60,000	4%
旅費	50,000	3.333%	旅費	50,000	3.33%
其他年費用	90,000	6%	其他年費用	90,000	6%
保費	100,000	6.667%	保費	100,000	6.67%
房貸本利攤	0	0%	房貸本利攤	431,249	28.75%
退休儲蓄額	0	0%	退休儲蓄額	71,940	4.8%
自由支配額	840,000	56%	自由支配額	336,811	22.45%
合計	1,500,000	100%	合計	1,500,000	100%

（現金流量每年狀況可能會變動）

Chapter 6
信用、收支管理

一、信用管理

1. 儘早跟銀行建立信用關係

　　人們一生理財中，無可避免會跟銀行打交道，例如公司會在銀行幫我們做薪資轉帳、現代人喜歡且使用方便的信用卡付款，或是成家立業需要安居的住房，都可能需要向金融機構貸款。建議大家跟銀行早一點建立信用關係，並不是說有事沒事就跟銀行借錢。而是提前建立本身在銀行的信用，台灣有金融機構的聯徵機構，會記錄個人在銀行的信用記錄，有了這些記錄，銀行可以評估個人的信用，當我們在理財需要信用時，銀行才有辦法給我們適當額度的借貸。

2. 個人及家庭信用管理的目標為何

　　當理財需要信用借貸之前或同時，我們需要做信用決策，包況要向哪個金融機構融資、借貸條件諸如年期、利率、額度、有無需擔保品、可否彈性還款……等等，都需要與理財目標對照，評估是否符合需要且綜合條件最有利自己。信用融資下放貸款後，如何調度資金的金流，確保可以依約分期或到期一次還款，保持自己良好的信用。另外如果萬一周轉有問題，發生信用不良或無法還款時，如何與銀行協商處理，尋求最小損失方案。一般來說，理財規劃下的信用融資，大致上都是經過審慎的評估，除非遇到特殊的意外，大概很少到此程度。但萬一還是碰到了無法清償時候，也可依據「消費者債務清理條例」實施「前置協商」。所謂「前置協商」機制，是針對積欠金融機構債務而有還款困難的債務人，無須負擔任何費用，即可向最大債權金融機構申請協商，金融機構受理後，會依據債務人個別之還款能力，與債務人協商適合的清償方案，協助解決其債務清償的困境。因是

事先有妥善的評估規劃，在貸款時選擇最好的條件借得資金，貸款後有一定的現金流量可以如期還款，萬一有意外狀況下，已事先知道保護自己的最佳管道，這些即是信用管理的目標。

3. 銀行的貸款大致的分類

　　我們先以貸款時，需不需要擔保品做分類，可分為擔保貸款及無擔保的信用貸款。擔保貸款又分人的擔保與物的擔保，貸款時，人的擔保可分一般擔保與連帶擔保，即所謂「保證」與「連帶保證」。參閱民法第739條的規定：所謂「保證」（俗稱「作保」），就是當事人（指保證人與債權人）雙方約定，當主債務人（例如借款人）不履行其對債權人（例如銀行）的債務時，由保證人代負履行責任的契約，所以「保證」是保證人與債權人間的一種契約行為。另外又可參閱民法第272條及第273條規定：所謂「連帶保證」，就是保證人與主債務人連帶負清償責任的一種保證契約，因連帶保證人與主債務人負連帶責任，所以當主債務人不依約履行債務時，債權人得無須先對主債務人訴追，即可直接向連帶保證人請求履行全部債務，因此，連帶保證人沒有先訴抗辯權。至於物的擔保有動產質權（如股票質押），或是不動產設定抵押權。一般分普通抵押權及最高限額抵押權，最高限額抵押權和一般抵押權最大的不同在於，一般抵押權是針對現在發生之債權，而且只能持續清償至完畢為止，若於抵押權存續期間要再增借，則需設定第二順位抵押權；而最高限額抵押權除了現在發生之債權外，並包含將來所發生之債權，且在最高限額抵押權之範圍及存續期間內，皆可繼續增借。在房貸案中通常用最高限額抵押權設定，銀行常以貸款額加成方式，設定本金最高限額抵押權某某金額。

4. 借款的用途會影響我們的資金成本

借款的用途分限定用途及開放用途，限定用途指借款的目的鎖定在購買的資產上，即貸款是因爲特定使用而存在，如房貸、車貸或股票融資等等。而開放用途是借款前後都不約束我們的借款如何使用，所以我們可以用來做民生消費、購買資產、用來投資、用做周轉金或預備金或是擺著不用，銀行都不會干涉。特定用途銀行相對容易控制風險，所以特定用途貸款銀行可以給較低利率、較高額度及較長的還款期。開放用途銀行風險較高，因此給較高利率、較低額度及較短的還款期。

5. 貸款規劃流程及案例

A. 了解貸款需求

我們可以把貸款需求大致分成自用消費需求及投資需求。自用消費需求，如購屋、購車、教育金等可不同用途，可以分別選擇房貸、車貸及學業貸款等以資應用，若是民生消費需求可選擇信用卡或通信小額等信用貸款支付。如爲金融投資需求，則可選擇證券質押貸款、保單貸款等。

B. 信用方案評估及決策

步驟一：首先找出符合我們貸款需求可以借到款項的機構，可能是銀行、保險公司、證券金融公司、信用合作社、農會、典當行、民間借款人……等等。

步驟二：各可行方案的評估。其實主要就是評估我們提過的財務函數各個條件，如利率的高低（Rate）、借款期多久及其期數（N）、每期還款額多少（PMT）、可貸額度（PV）。另外有無提前還清貸款的機制、手續費高低、擔保規定、……等等，我們必需一項一項評估及找出優缺點，最後選出最有利自己的貸款方案。

步驟三：規劃還款計劃。對於剛性還款需求，如不依規定繳款將發生重大損失，必需排在優先處理位置。筆者建議屬於高利率的民生消費信用卡，絕對要在繳款日前，繳付所有款項，切莫以為只繳最低繳款金額即可，因為卡債不但利率高，也是以日計息，利息滾入本金的速度更快更多。

　　步驟四：萬一造成信用損失時，該如何因應的計劃。

　　C. 案例

 案例一

信用卡帳單的帳務資訊如何去理解：

　　帳單結帳日：104/02/23（代表從上一期帳單次日起至本帳單結帳日止的消費事項將在此期帳單中顯示）。

　　繳款截止日：104/03/09。從104/02/23日之後的隔幾天，即寄出帳單。收到帳單後即可至遲至104/03/09當日繳納，若把當期帳單全部繳清時，不但無需繳任何利息且享受遲延支付的優惠。但假設有一筆發生在104/01/30日消費入帳日的款項1萬元未繳，那麼就會從104/01/30日起，以日計息計算至結清帳款日為止。

 案例二

　　如有財務需求30萬，以月繳償還，並預定在3年後還款完成的信用貸款。若找到甲銀行利率8.75%，不需收取手續費。而另一家乙銀行提供利率6%，但設定手續費1萬元，除此之

外，其他條件均相同。請問我們該選哪一家銀行比較有利？

　　甲銀行利率8.75%已很明顯，但乙銀行實際的利率是多少？我們可以用財務函數解答：我們申請的借款是30萬，但手續費是1萬，扣除後實際借款金額29萬。以乙銀行利率6%，每月需還款金額為9,127元（Rate：6%/12 = 0.5%，N = 36期，PV = 300,000，FV = 0，Type：期末，求算PMT = − 9,127）。最後可算出乙銀行的實際利率Rate為8.28%（N =36，PMT = −9,127，PV = 290,000，FV = 0，Type：期末，求算Rate = 0.69%，再乘12等於約8.28%）。乙銀行利率低於甲銀行，因此選擇乙銀行。大家可以發現，學會財務函數，銀行的複雜包裝方案，利率仍無法遁形。

案例三

　　甲銀行提供房貸額度500萬，利率為2.4%的方案給小張使用，還款期限有20年及30年兩種選擇，兩者都為本息平均攤還，且其他條件都一樣，小張先生想知道這兩種方案有何差別？

　　我們先計算一下每月還款額，20年期每月金額為26,252元（Rate：2.4%/12 = 0.2%，N = 240，PV = 5,000,000，FV = 0，Type：期末，求PMT = 26,252）。20年間總繳利息為2.6252萬×240 − 500萬 = 130.048萬。30年期每月還款額19,497元（Rate：2.4%/12 = 0.2%，N = 360，PV = 5,000,000，FV = 0，Type：期末，求PMT = 19,497）。30年總繳利息為1.9497萬×360 − 500萬 = 201.892萬。所以結論是30年期比20年期每月

繳款額少6,755元，**但總利息將多出71.844萬**。年期拉長當然每期的負擔額會降低，可是總利息額以及總金額卻是變高了。兩種方式各有優缺點，就看規劃者的需求來決定。

案例四

　　李小姐借的一筆10萬小額信貸，需分六個月平均攤還本息還款，甲銀行給她的利率是12%，李小姐想知道各期中，本金及利息金額各多少？若想中途提前還款，需還的本金餘額是多少？

　　我們先來計算每期的還款額為17,254元（Rate：12%/12 = 1%，N=6，PV = 100,000，FV = 0，Type：期末，求PMT = 17,254.48）。接下來算第1期本息如何分攤，第1期初本金100,000元，乘上1%利率等於1,000元，因此第1期利息分攤1,000元，而17,254元減1,000元等於16,254是還本金的部分。因此第1期期末本金也就是第2年期初剩餘的本金是100,000元減16,254元等於83,746元。以下各期以此類推，我們可以發現本利攤還的方式，初期利息還得多，而本金攤得少，但越後期剛好相反，利息還得少而本金還得多。因此若是想提前還款時，該還多少本金，大致上可以預估。

本息攤還各期本金及利息分攤金額表（表6-1）

期數	期初本金	當期還利息額	當期還本金額	期末本金
1	100,000	1,000	16,254	83,746
2	83,746	837	16,417	67,329

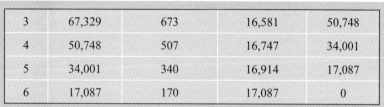

3	67,329	673	16,581	50,748
4	50,748	507	16,747	34,001
5	34,001	340	16,914	17,087
6	17,087	170	17,087	0

備註：每期還款額都等於17,254計算，並用四捨五入取整數，所以各期的小誤差，在
　　　最末期用多繳3元的方式補足。

 案例五

債務整合必需達到何種條件才算有效？

　　評估債務整合是否有效，我們可以只改變一個變數，其他
不變下，看看整合後的成效或是以前後產生的現金流變化，或
用財務函數計算出前後的利率變化來檢視。因此必需讓每期繳
款額降低、還款期縮短、或整體利率下降才是有效的整合方
案。

 案例六

目前還會發生父親亡故時，「子必需無條件償還所有父親債
務」嗎？

　　台灣自2009年對繼承制度做成重大改革，全面採限定繼
承。民法第1148條規定：

　　「繼承人自繼承開始時，除本法另有規定外，承受被繼承
人財產上之一切權利、義務。但權利、義務專屬於被繼承人本
身者，不在此限。

　　繼承人對於被繼承人之債務，以應繼承所得遺產為限，負

清償責任。」

所以依1148條規定，原則上已不會發生父亡故時，「子必需無限額償還亡父債」，但爲了避免被繼承人生前脫產，增訂1148-1條規定：「繼承人在繼承開始前二年內，從被繼承人受有財產之贈與者，該財產視爲其所得遺產。前項財產如已移轉或滅失，其價額，依贈與時之價值計算」。

不過也有例外狀況，若繼承人是惡意就不保護了，依民法第1163條的規定：

「繼承人中有下列各款情事之一者，不得主張第一千一百四十八條第二項所定之利益：

一、隱匿遺產情節重大。

二、在遺產清冊爲虛僞之記載情節重大。

三、意圖詐害被繼承人之債權人之權利而爲遺產之處
　　分。」

 **案例七**

不同的夫妻財產制對債務清償的規定有不同的情況嗎？

依照我國民法第1004條規定，夫妻間可以選擇夫妻財產制。又依同法1005條規定：「夫妻未以契約訂立夫妻財產制者，除本法另有規定外，以法定財產制，爲其夫妻財產制」。當然也可以依法律規定，選擇共同財產制或分別財產制。若以法定財產制而言，夫妻對債務清償的規定，可參閱民法第1023條規定：

「夫妻各自對其債務負清償之責。夫妻之一方以自己財產

清償他方之債務時，雖於婚姻關係存續中，亦得請求償還」。

至於共同財產制的相關規定，可參閱民法第1034條：

「夫或妻結婚前或婚姻關係存續中所負之債務，應由共同財產，並各就其特有財產負清償責任」。

分別財產制的規定，原則與法定財產制規定相同，可參閱民法第1046條：

「分別財產制有關夫妻債務之清償，適用第一千零二十三條之規定。」

二、收支管理

1. 拒絕當月光族、窮忙族與青貧族

物價飆漲、薪資凍漲，似乎是正在無止盡上演。報紙、雜誌的理財專家一再提及月光族、窮忙族及青貧族，並引用政府及民間調查的數據，的確這是一個嚴肅的問題。以財務資源的觀點，正如水庫運作，上游缺水或是已乾涸，下游必然是無水可用。沒有財務的進帳，自然無法談收支管理的議題。很明顯的是，理財規劃也是有盲點的，所謂巧婦難為無米之炊。這些促進經濟發展、活絡產業運作及增加就業機會，也有不同領域的專家學者獻策，當然也期盼政府與社會各界攜手再創並復興台灣的動力。正因為目前大環境不是那麼理想，如果已幸運擁有起碼穩定收入的民眾，消極的是要居安思危，拒絕當月光族、窮忙族與青貧族。積極一點是如何運用自己的能力，並且搭配理財規劃的運用，創造出美好的未來。

2. 個人與家庭收支管理的意義

收支管理是基於某種理財的目標，我們在期初預先規劃各種收入、支出或儲蓄的金額設定，並且儘量照規劃去控管現金流量，並在期末檢視改善，如此的不斷進行以便支援理財目標可以達成爲止。

3. 甚麼狀況需要做收支管理

老實說收支管理根本違反一般人理性，明明美味當前，竟然是強忍不吃。或是看上超喜歡限定版的球鞋，卻安慰自己沒有需要。如果碰到這種狀況，一定是背後有更重要的目的要達成，所以願意犧牲自己眼前的消費，也要忍住慾望。一般來說，甚麼樣的情況需要做收支管理？列舉幾個情況：一、**以前都不清楚自己的錢財怎樣來怎麼去，現在很好奇想知道。二、明明想存一點錢，但到了月底，怎麼老是存不到錢。三、想要買價格稍貴的物品，需要存錢購買。四、因爲有了不少負債，不思擠出一些錢，恐怕就要到處躲債了。五、設定了未來更具遠見、金額更龐大的堅定理財目標，現在若不存錢來投資理財，恐怕來不及了。**

4. 收支管理的步驟

收支管理想要可以順利進行，筆者認爲需要下列步驟：

步驟一：自己需做足心理建設。要知，收支管理是違反人性追求享受的行爲，必需撙節開支。情感上不是那麼容易，要不然就不會出現如希臘的財政危機了。

步驟二：要清楚理解收支管理的目的。對此目標有強烈動機，才會願意持續下去。

步驟三：需要有計劃找出管理的金額目標。例如經過理財規劃目標，計算出明確的儲蓄目標金額。

步驟四：按規劃填列目標的預算與決算管理表。按照搜集的

發票收據，整理記錄並詳實填寫報表。

　　步驟五：設定可行的記帳辦法。目前手機APP或電腦都可以下載一些軟體應用。

　　步驟六：期末做決算檢討並修正，並期最短的期間完成並持續保持成果。

 案例

　　柯先生家人最近在認證理財規顧問林先生的協助下，已經把人生各階段理財目標審視一遍，也非常堅定認為必需完成目標。經過科學化的計算，為了完成這些目標，柯先生要每年存35萬才能滿足規劃的需要。柯先生家人目前有薪資收入及執行業務收入等稅後收入約95萬，為了保守原則且執行業務所得會有變動，柯先生用約85萬元為稅後預估收入，且不考慮成長率。目前的開支約60萬，為了不要有過於激烈的變動，柯先生希望分三個月慢慢調整至目標額。目前預估85萬減60萬等於25萬，與35萬差距10萬，平均每個月約需減少支出8,300元，分3個月降低，所以預計第1個月降低開支額2,700元、第2個月降低至5,500元，第3個月降低至8,300元。柯先生已找到APP可以協助記帳，但是收支管理表不是很合用，因此使用顧問提供的表單（如下表6-2）。於是柯先生當月就逐筆記帳，林顧問提供一個信封管理法，即請柯先生把不同項目的錢，放在不同信封，當信封的錢用光了，就儘量不再就同項目支出，以方便控管。於月底時計算決算金額、收入達成率及支出超額率等資料，以便檢視（如表6-3）。經柯先生檢視期末支出只超出一

些，達成狀況不錯。支出方面，用餐費超支多一些，若減少外食，可以在次月做努力，另外月底時，柯先生近親通知將在3個月後，空出舊宅並提供較優惠租金，屆時租金可望下降許多。而收入達成率超過100%，算是不錯的成績，所以在柯先生刻意將收入壓低估，且租金支出有望再降低的狀況下，預估目標極可能順利達成。

收支管理表（表6-2）

期間：（104）年（01）月（01）日至（104）年（01）月（31）日

	項目	預算金額	決算金額	收入達成率
收入類	薪資及執行業務所得	71,250		
	其他收入			
小計		71,250		

	項目	預算金額	決算金額	支出超額率
支出類	食膳費	（20,300）		
	託育費	（5,000）		
	娛樂交際費	（1,000）		
	交通及通訊費	（2,000）		
	房租支出	（16,000）		
	治裝費	（1,000）		
	醫藥費	（1,000）		

	其他支出	（1,000）	
小計		（47,300）	

備註：1.柯先生把年度金額打散至各別月分計算（但每月稍做微調）

　　　2.收入達成率＝（決算收入／預算收入）×100％，值越高越好，如預算100，決算110，則收入達成率110％，若決算90，則收入達成率90％。

　　　3.支出超額率＝（決算支出／預算支出）×100％，值越低越好，如預算100，決算110，則支出超額率110％，若決算90，則支出超額率90％。

收支管理表（表6-3）

期間：（104）年（01）月（01）日至（104）年（01）月（31）日

	項目	預算金額	決算金額	收入達成率
收入類	薪資及執行業務所得	71,250	78,000	109%
	其他收入			
小計		71,250	78,000	109%
	項目	預算金額	決算金額	支出超額率
支出類	食膳費	（20,300）	（21,500）	105.91%
	託育費	（5,000）	（4,500）	90%
	娛樂交際費	（1,000）	（800）	80%
	交通及通訊費	（2,000）	（1,800）	90%
	房租支出	（16,000）	（16,000）	100%
	治裝費	（1,000）	（800）	80%

醫藥費	（1,000）	（1,200）	120%
其他支出	（1,000）	（900）	90%
小計	（47,300）	（47,500）	100.42%

備註：1.柯先生把年度金額打散至各別月分計算

2.收入達成率＝（決算收入／預算收入）×100%，值越高越好，如預算100，決算110，則收入達成率110%，若決算90，則收入達成率90%。

3.支出超額率＝（決算支出／預算支出）×100%，值越低越好，如預算100，決算110，則支出超額率110%，若決算90，則支出超額率90%。

5. **執行收支管理時，其他應注意事項**

執行收支管理時若注意一些事項，將有助於我們的管理：

A. 收支項目越仔細越好，並且與記帳的會計項目吻合更好。

B. 其他收入與其他支出比較籠統，金額盡可能不超過收入或支出總額的10%。

C. 若決算與預算相差較大金額，需做重點檢視原因。

D. 也可以加入家庭各別成員在各項目產生的金額的方式，來知道哪一個成員該負擔比較多的責任。

E. 若是感覺一時需變更收支金額過大的壓力，可以分期執行。

F. 若發現原先過於高估或低估金額，可適當調整。

G. 收支管理要確實執行。

Chapter 7
租稅的基本概念

一、影響金融理財的租稅法律及行政規定

憲法是國家的跟本大法，**憲法第19條：「人民有依法律納稅之義務」**。明定國家租稅需以法律定之，**稱爲租稅法律主義**。所以第一個會影響理財規劃相關稅務是稅務法律，在民國65年以前是採用「分稅立法」，各種租稅的實體、程序、救濟及處罰，都在各別稅法規定。因爲常會出現分岐，所以在民國65年制定公布「稅捐稽徵法」，綜合各稅法的稽徵程序與罰責之相關共同事項，所以其爲內地稅法之通則法。除了法律之外，**財政部對於稅法的解釋函令**，是以行政機關，對於據以申請之案件發生效力，另外司法院的解釋令及法院判例也具相當拘束力。

二、實質課稅原則

稅捐稽徵法第12-1條：**「涉及租稅事項之法律，其解釋應本於租稅法律主義之精神，依各該法律之立法目的，衡酌經濟上之意義及實質課稅之公平原則爲之」**。

稅捐稽徵機關認定課徵租稅之構成要件事實時，應以實質經濟事實關係及其所生實質經濟利益之歸屬與享有爲依據。

納稅義務人基於獲得租稅利益，違背稅法之立法目的，濫用法律形式，規避租稅構成要件之該當，以達成與交易常規相當之經濟效果，是爲租稅規避。

簡言之，是指稅法上確立，應遵循依據的是納稅人經濟活動實質而非表面法律形式，予以徵稅的準則。所以本於租稅法律精神，衡酌經濟上之意義以實值課稅爲公平原則，其目的是爲了約束各種避稅行爲而確立的。

三、核課期間及徵收期間的概念

　　核課權是指稽徵機關確認納稅義務人有應納稅額的權利，納稅義務人於租稅條件實現時，依法律規定發生納稅義務。但該租稅債務尚須經義務人（例如申報綜合所得稅）或稽徵機關確認（主動核發地價稅），即稽徵機關本核課權，作成一定處分。簡言之，**當納稅義務人發生了應納稅義務事實，稅捐機關可依職權發單徵稅的權利**。而核課期間是給予稅捐機關一定的核課時間的限制，一般誠實申報5年，未申報或不實申報7年。原則上，對於已申報稅捐以「申報日」起算，未申報稅捐以規定申報「屆滿之翌日」起算。

　　徵收權是指稽徵機關為實現租稅債權之內容，有向納稅義務人請求履行已屆繳納期而尚未繳納之租稅債務的權利，簡言之就是對於已開出的稅單已到期而尚未繳納實施追索的權利。時間起算，原則以**繳納期間屆滿翌日開始算起，徵收期間為5年**。

四、稅捐機關如何保全稅捐

　　對於問題稅捐徵收，從資料搜集、調查審定至正式發單，以致納稅義務確定而可移送強制執行止，需經一定時日，若納稅義務人隱匿財產或潛逃出國，必然讓稅捐無法收回之風險。**因此稅捐機關得以非訟的保全方法，凍結其財產或其他應有機制，以便將來可順利強制執行收回稅額**。其保全的方式有如下種類：

　　第一種：禁止財產之移轉或設定他項權利。

　　第二種：限制營利事業為減資或註銷之登記

　　第三種：聲請假扣押

　　第四種：限制出境

第五種：提前於法定開徵日前徵收稅捐

五、稅捐救濟的流程

當人民對於納稅事項或稅額有不服時，可以提起稅捐救濟的程序，若只是單據記載、計算錯誤或重複發單，可在規定繳納期間，請求查對更正之外，其他稅捐救濟的流程有三個步驟。步驟一無法滿足，再申請步驟二，並以此類推。

步驟一：復查

A. 有應納或應補稅額從屆滿日翌日起30日內為之。

B. 無應納或應補稅額從通知書到達之翌日起30日內為之。

以上復查，稅捐機關應於收到通知書之翌日起二個月內復查決定。

步驟二：訴願

當稅捐機關怠於決定或是義務人不服復查結果。義務人應自收到復查決定書之次日起30日內，繕具訴願書，並繳交復查決定之應納稅額半數，即可依法向訴願管轄機關提起訴願。若申請復查單位為國稅局，可向財政部提起；若是地方稅可向縣市政府或直轄市政府提起。受理訴願機關，需於受理收件次日起3個月內為訴願決定，必要時得延一次為限，最長不得超過2個月。

步驟三：行政訴訟（三級二審新制）

A. 簡易訴訟程序事件（稅額新台幣40萬以下）：一審地方法院行政訴訟庭，二審高等行政法院。

B. 通常訴訟程序事件（稅額超過新台幣40萬）：一審高等行政法院，二審最高行政法院。

六、通常的稅捐罰則種類

1. 刑事罰：針對如逃漏稅捐、違反代徵及扣繳稅捐、教唆或幫助逃漏稅捐（專業人員涉入加重其刑）、違反保密規定等情況之處罰。

2. 行政罰：針對如有關憑證疏失、有關帳簿疏失、拒絕調查、拒絕備詢等。

七、我國目前稅制系統分類

1. 收入系統：是以收入或所得為課徵稅捐的對象，例如綜合所得稅、營利事業所得稅及營業稅。

2. 財產系統：財產稅是在持有財產或移轉時課徵的稅捐，例如持有期的房屋稅、地價稅，移轉時的土地增值稅、契稅、證券交易稅、期貨交易稅、贈與稅、遺產稅、印花稅、特種貨物及勞務稅等等。

3. 消費系統：是針對消費行為課稅，如關稅、貨物稅、菸酒稅、娛樂稅、特種貨物及勞務稅等等。

八、個人及家庭如何降低稅負

　　我們一定有聽說過節稅、避稅及逃稅，雖然三者目的相同，都是為了節省稅負。但中間有極大差異，節稅是符合稅法的規定，所以屬於稅法規定的合法行為。逃稅是屬違反稅法的規定，所以屬於違法行為。而避稅係違背稅法立法精神，利用稅法不完備或漏洞，故介於節稅與逃稅之間。我們來舉例，例如所得稅法有捐贈扣除額，若向合法的公益團體捐贈現金1,000萬，在所得額20%內可予扣除，這是符合稅法規定的節稅。第二個例子是早期

流行捐贈公共設施保留地，因為這些用地無法做有效應用，因此市價往往遠低於公告現值，例如公告現值1,000萬，市價可能只有十分之一，但當時捐贈時可以用1,000萬為捐贈額，若以40%的邊際稅率計算抵稅額400萬，但買入額為100萬，其中的差距成為稅負漏洞，以上是避稅的案例。同樣，有些掛羊頭賣狗肉的團體，以公益團體做掩護，開立不實的捐贈收據（例如捐100萬開1,000萬的證明），用此證明文件來抵稅，已明顯違法。所以個人家庭最好可以用節稅方式，千萬不可有逃稅的行為。以下提供一些原則，可以來降低家庭稅負方式，但提醒規劃者，由於稅務、地政諸多規定多如牛毛，進行稅務規劃時宜跟信賴的會計師、律師、證券分析師、地政士或有此專業的理財規劃顧問來討論。我們舉幾個例子說明，這只是節稅可能性的原則探討，無法涵蓋所有的細節，我們後面的內容有機會再針對各別稅捐，有何不同的稅負優惠，再予探討。

1. 變更納稅人的主體身分

　　有些稅負，會因為納稅人主體有不同規定，例如綜合所得稅規定，居住者要結算申報，而非稅務居民以就源扣繳為主。但結算申報邊際稅率高達45%，而就源扣繳通常低於此數。有關變更納稅人主體，政府也注意到此問題，更何況政府也不是省油的燈，也嘗試多管道防堵，其立法及稽查也與時俱進。例如綜合所得稅的居住者認定標準，財政部以101年9月27日台財稅字第10104610410號函，自102年1月1日起，認定所得稅法第7條第2項第1款「在中華民國境內有住所，並經常居住中華民國境內者」的認定標準更是越來越緊縮，茲將其規定整理如下表7-1。

所得稅法第7條第2項第1款居住者認定標準表（表7-1）

	於課稅年度住滿1天未滿31天	於課稅年度住滿31天
有戶籍且生活經濟重心在境內	稅務居民（居住者）	稅務居民（居住者）
有戶籍但生活經濟重心不在境內	非稅務居民（非居住者）	稅務居民（居住者）

備註：7條第2項第2款為「在中華民國境內無住所，而於一課稅年度內在中華民國境內居留合計滿一百八十三天者」。

　　以上表觀察之，只要規劃者擁有戶籍，如果生活經濟重心在境內，想要從居住者變為非居住者身分，除非在一課稅年度內連一天都未住滿。若有戶籍但生活經濟重心不在境內，想要從居住者變為非居住者身分需不能住未滿31天。所以國人想要改變成綜所稅非居住者身分，恐怕不容易。至於在國內無住所者（該條第2項第2款規定），只要當事人的停留天數不住滿183天之限額，就可以被認定成非居住者身分。

2. **藉著不同的金流或法律安排處理**

　　陳醫師晚婚且當初迎娶小自己數十歲的妻子，去年小孩剛進入高中。他因為看到最近台灣房地產價格不斷飆漲，自己年事逐漸已高，也擔心小孩長大買不起房，為了讓小孩贏在起跑點。規劃在市區以兒子名義購買一棟房產做贈與，對於某棟房非常中意，已向仲介洽詢開價3,800萬（土地公告現值及房屋評定標準價合計1,800萬）。陳醫師想到三種方式：(1)把價款匯入兒子戶頭，再用價款買屋。(2)以兒子為買賣簽約人，陳醫師再把價款匯給賣方。(3)以自己為買賣簽約人，兒子為登記名義人，陳醫師再把價款匯給賣方。請問這三種的安排以贈與而言，會有何種不同的結果？依照遺產及贈與稅法第4條第2項：「本法所稱贈與，指

財產所有人以自己之財產無償給予他人，經他人允受而生效立之行為」。所以依第(1)項的做法，把價款匯入兒子戶頭，而其子也允受，即生贈與現金3,800萬贈與效力，至於後段支付價款與贈與無關。另依同法第5條第3項：「以自己之資金，無償為他人購置財產者，其資金。但該財產為不動產，其不動產」。上述為視同贈與的規定，所以若以第(2)項做法合於視同贈與規定，因兒子為買賣簽約人，而陳醫師匯出給出賣人的價金3,800萬，就成為視同贈與的贈與額。至於第(3)項情況，陳醫師為買賣簽約人，並約定登記名義人為小孩，此狀況視同贈與不動產，贈與額變為1,800萬。經過計算贈與稅相差200萬，計算方法為：(3,800 － 1,800)×10% = 200萬，且這樣的安排是完全合法的節稅。

（以上暫只考慮當次贈與稅情況）

3. **彈性更動稅負產生時間點**

　　例如已知本年度所得較高，可以考慮下一筆收入延遲至下年度入帳。

4. **更動所得種類**

　　不同的所得會有不同的規定，例如有些是要結算申報（如股利所得），有些是分離課稅（如不動產證券商品），規劃者可綜合考慮報酬與稅負的因素，決定最有利的選擇。

5. **善用免稅額、扣除額的規定**

　　常聽到報稅季節，兄弟姐妹都會頻繁找自己的父母尊親屬，爭取扶養的免稅額、或是找尋單據以便做成本費用的列減……等等。只要合乎規定的免稅額、扣除額金額越高，就能達到節稅目的。免稅額及扣除額的規定有許多，使用上需查對其時效性及充分了解規定，以免不小心誤用。

6. **選擇有利的申報方式**

　　立法院已經在今年（2015年）1月6日三讀通過所得稅法第15條修正案，夫妻在合併申報綜合所得稅的時候，不管是薪資所得或非薪資所得，都可以自由選擇分開或合併計算稅額，而且在今年5月申報的時候，就開始適用。國稅局進一步說明，新制之下，夫妻計稅由原本「薪資分開，其他所得合併」及「全部所得合併」，新增一種「各類所得都分開計稅」可供選擇，所以，今後報稅時，建議採稅額試算確認或網路申報，除了可以避免出錯，電腦還會自動幫納稅人計算出最有利的報稅方式。

7. **其他各別稅捐的特別規定**

　　例如技術股併入綜所稅有緩課規定、地價稅有自用住宅優惠稅率、土地增值稅有長年期持有優惠減徵規定……等等，建議有需求時隨時與顧問討論。

Chapter 8

個人所得稅、遺贈稅介紹及節稅規劃

　　個人理財規劃時，最常遇到的稅捐問題是綜合所得稅。所得稅法是以所得為課稅客體，在取得所得時為課稅時機，主要包含綜合所得稅及營利事業所得稅，目前政府於每年5月課徵。本書主要探討個人及家庭理財規劃，所以討論重點在綜合所得稅，當然所得基本稅額條例也會一併介紹。另外，國人對於贈與及遺產稅的應用，也有相當的需求，我們也會予以說明。

一、綜合所得稅介紹及節稅原則

　1. 綜合所得稅額的計算方式（如表8-1）

綜合所得稅額的計算方式（表8-1）

綜合所得總額 – 免稅額 – 扣除額 ＝ 綜合所得淨額 綜合所得淨額 × 邊際稅率 – 累進差額 ＝ 應納稅額 應納稅額 –（扣繳稅款 ＋ 可抵扣稅額 ＋ 投資抵減）＝ 應補（退）稅額	
綜合所得總額	十項所得 （一）營利所得 （二）執行業務所得 （三）薪資所得 （四）利息所得 （五）租賃所得及權利金所得 （六）自力耕作、漁、牧、林、礦所得 （七）財產交易所得 （八）競技、競賽及機會中獎之獎金或給與 （九）退職所得 （十）其他所得
免稅額 （103年度免稅額，參考表8-3）	（一）本人 （二）配偶 （三）本人及配偶尊親屬 （四）本人之子女：未滿20歲或已滿20歲，因在學、身障或無謀生能力，受納稅義務人扶養者。

	（五）本人及配偶之同胞兄弟姐妹：未滿20歲或已滿20歲，因在學、身障或無謀生能力，受納稅義務人扶養者。 （六）其他合於民法1114條（家長家屬相互間）及1123條（視為家屬）之規定之其他親屬或家屬：未滿20歲或已滿20歲，因在學、身障或無謀生能力，確係受納稅義務人扶養。 **民法第1114條：** 左列親屬，互負扶養之義務： 一、直系血親相互間。 二、夫妻之一方與他方之父母同居者，其相互間。 三、兄弟姊妹相互間。 四、家長家屬相互間。 **民法第1123條：** 家置家長。 同家之人，除家長外，均為家屬。 雖非親屬，而以永久共同生活為目的同居一家者，視為家屬。
扣除額 （一）及（二） 取一項	（一）標準扣除額 （二）列舉扣除額 　　捐贈 　　保險費 　　醫療及生育費 　　災害損失 　　購屋借款利息 　　房租租金支出 （三）特別扣除額 　　財產交易損失 　　薪資特別扣除 　　儲蓄投資特別扣除額 　　身心障礙特別扣除 　　教育學費特別扣除 　　幼兒學前特別扣除

2. 綜合所得稅節稅規劃要點及案例

A. **避免成為居住者身分**：因為申報納稅的稅率為45%，非居住者就源扣繳率遠低於此數，所以在台灣本有就無戶

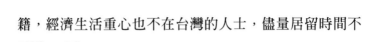

籍，經濟生活重心也不在台灣的人士，儘量居留時間不要滿183天。

B. **收入地區的選擇**：綜所稅是屬地主義，但是國人在大陸所得屬於課稅範圍。所以國人要投資中概股可選擇在香港開戶，則所得屬海外收入，不納入綜所稅課稅地區。（但計入最低稅負的海外所得）。

C. **把高稅所得轉換成低稅或免稅所得**（但要考慮稅後報酬極大值）：目前綜所稅有十大項目，每種項目舉一兩狀況供參考：營利所得：股利或營業所得。執行業務所得：獨立非受雇律師所得。薪資所得：上班族的工資。利息所得：存款利息。租賃所得及權利金所得：出租房屋的租金。自力耕作、漁、牧、林、礦所得：農漁民自力農漁貨所得。財產交易所得：投資不動產資本利得。競技、競賽及機會中獎之獎金或給與：參加運動獎金或中樂透獎金所得。退職所得：非保險型態的退職金，如勞退金。其他所得指不屬以上所得：如職工福利金所得。

若股票資本利得免稅，但股利所得是應稅，投資人可放棄除息，先賣出再買回，即可規避股利所得稅。

D. **增加免稅額額度**：爭取扶養退休無所得的直系尊親屬，年滿70歲以上免稅額還加成50%。

E. **儘量搜集扣除額證明**：如合法捐贈證明、保費繳納證明、租金繳納收據、房貸繳納單、醫療收據或災害損失證明等，當然有特別扣除額適用時，必需提出申報。

F. **比較不同報稅方式，找出有利方案**：如選擇標準扣除或列舉扣除何者有利；夫妻不同申報方式的試算。

G. **搜集扣除額資料申報（各扣除額限額）：**

捐贈：捐贈公益團體爲綜合所得總額20%，捐贈政府勞軍無限額，捐贈依私立學校法規定之私立學校爲綜合所得總額50%，依政治獻金法爲所得總額20%且不超過20萬（單一候選人10萬限額）。

保險費：本人、配偶及受扶養直系親屬每人2.4萬。只限人身保險、勞保及軍公教保，但全民健保不受金額限制。

醫藥及生育費：無限制。

災害損失：無限制。

購屋借款利息：需爲自用住宅購屋，限額30萬。並需從中減除申報之儲蓄投資扣除額。

房租租金支出：12萬限額，但已使用前項購屋借款利息不得再扣除。

財產交易損失：損失可抵正所得，不足扣除部分，以後分3年從財產交易所得扣除。

薪資扣除額：限額（依指數調整），103年度請參考表8-3。

儲蓄特別扣除額：每申報戶27萬限額。

身心障礙特別扣除額：限額（依指數調整），103年度請參考表8-3。

教育學費特別扣除額：受納稅義務人扶養子女每人2.5萬。

幼兒學前特別扣除額：納稅義務人5歲子女每人2.5萬，本項有排富規定：經扣除本扣除額後，納稅義務人適用20%稅率以上及已達最低稅負600萬（103年爲670萬）者不適用。

H. 參考案例：

 **案例一**

問：

　　沈醫師是自行開業的醫師，張民是該院所受雇醫師，兩位醫師所得有何不同？

　　張惠是自行表演的歌星，蔡玲是某經紀公司派演的歌星，兩人所得有何不同？

答：

　　由於執行業務有費用扣減，高所得人士通常減除額遠高於薪資扣除額，因此比受雇人員更具節稅效果。

項目	執行業務所得	薪資所得
判斷	自力營生	雇傭契約的受雇人
成本費用	得減除	不得減除
舉例	開業醫師或合夥人 演藝人員表演收入	受雇醫師 與經紀公司簽雇傭約之酬勞

 案例二

問：

　　有限公司的股東，出售其出資份額500萬，需要申報所得稅嗎？

答：

　　依照所得稅法規定股票屬於證券，一般上市股份公司證券交易所得稅原則免稅（除非超過規定額度，但105年度起又再度廢除證所稅規定）。但其以公開發行並依公司法規定簽證發行的股票為限。因此本例不符此規定，因此需以財產交易所得申報課稅。

 案例三

問：

　　至強參加前次在東京的國際拳擊比賽及本次在台中舉辦的比賽，都得到100萬元的優勝獎金，請問稅捐的申報有不同嗎？

答：

　　我國的所得稅屬於屬地主義，依所得稅法第8條，屬於中華民國來源的所得需課稅（在中華民國境內參加各種競技、競賽、機會中獎等之獎金或給與。）而在日本比賽非屬申報所得稅範圍。

 案例四

問：

　　至強想要知道一般個人有哪些所得是屬於減（免）稅所得，若在網路查詢，可以在稅法第幾條文可找到？

答：

例如綜合所得稅規定有關減（免）稅所得主要在第4條、4-1條、4-2條及4-3條。若需以網路搜索法規內容，建議從全國法規資料庫進入，在左上方有一個法規查詢區查到相關法規，因為網路上有許多網站是過時的內容，而本網站會即時更新。另外需注意有些規定是以解釋令方式呈現，就比較容易被忽略了，因此若不熟悉規定，宜向顧問查詢。

二、所得稅基本稅額介紹及節稅原則

1. 個人所得稅基本稅額計算說明表（表8-2）

個人所得稅基本稅額計算說明表（表8-2）

主體	計算說明
個人（免稅額度參考表8-3）	1. 基本稅額＝（基本所得額－扣除額）×稅率 　基本所得額：綜合所得淨額＋計入基本所得額項目 　扣除額：600萬（104年度個人額度670萬） 　稅率20% 計入基本所得額項目： (1)海外所得：每一申報戶未達100萬免計入，超過100萬，則全額計入（例海外所得101萬，則101萬全額計入）。 (2)保險給付：受益人與要保人不同人的人壽保險及年金保險給付，但死亡給付每一申報戶全年合計數在新台幣3,000萬元以下免予計入。超過3,000萬以上，扣除3,000萬後的餘額全數計入。（104年度免稅額額度為3,300萬）

(3)私募基金受益憑證之交易所得：成交價格、成本費用認定、未申報或未能提出實際成交價或原始成本之核定事項之辦法由財政部定之；交易損失者，得自當年度交易所得扣除，當年度無交易所得可扣除或扣除不足者，得於發生年度之次年度起「3年內」，自交易所得扣除。但以損失及申報扣除年度均以實際成交價格及原始取得成本計算損益，並經稽徵機關核實認定者為限。

(4)非現金部分之捐贈扣除額：依所得稅法或其他法律規定於申報綜合所得稅時減除之「非現金捐贈」之金額。

2. 差額稅額：
(1)一般所得額大或等於基本稅額：按一般所得額納稅。
(2)一般所得額小於基本稅額：除按一般所得稅額納稅，另就差額繳所得稅。

3. 補繳稅額：差額稅額得減除尚未抵繳之扣繳稅額及可抵扣稅額，計算應再自行繳交的稅額，但分離課稅部分不再減除。

附註：所得基本稅額的規定，主要針對高所得但卻因有許多租稅優惠，因而相對繳納比較低的綜合所得稅而設計的補充稅負。

2. 個人最低稅負制節稅規劃

A. 依照所得基本稅額條例第12條，計入個人之基本所得額的項目如下：

一、未計入綜合所得總額之非中華民國來源所得、依香港澳門關係條例第二十八條第一項規定免納所得稅之所得。但一申報戶全年之本款所得合計數未達新臺幣一百萬元者，免予計入。

二、本條例施行後所訂立受益人與要保人非屬同一人之人壽保險及年金保險，受益人受領之保險給付。但死亡給付每一申報戶全年合計數在新臺幣三千萬元以下部分，免予計入。

三、私募證券投資信託基金之受益憑證之交易所得。

四、依所得稅法或其他法律規定於申報綜合所得稅時減
除之非現金捐贈金額。

五、（刪除）

六、本條例施行後法律新增之減免綜合所得稅之所得額
或扣除額，經財政部公告者。

B. 筆者建議若涉及投資項目如第一及第三項，以稅後極大
報酬為原則，儘量不超過其限額。

C. 保險金給付方面，在不違背原來的規劃需求下，投保人
及受益安排同一人。若是無法如此安排時，因為此扣除
額3,000萬（金額參照財政部調整）是以每戶計算，例
如子女均已成年各有報稅戶，則3個子女就有3倍的扣除
額，意謂受益人只要不同報稅戶，就有不同一個單位的
扣除額。

三、年度免稅額、扣除額及課稅級距等指數化項目之發布

稅捐機關每年於報稅季前，都會針對免稅額、扣除額及課
稅級距等公布資料，民眾可上國稅局的網站查詢最新資料。有關
103年、104年度綜合所得稅及最低稅額各項調整資料整理詳細金
額下（表8-3）：

103年及104年度免稅額、各項扣除額、課說級距等相關資料表（表8-3）

項目		103年度	104年度
免稅額	一般	85,000	85,000
	滿70歲之本人、配偶及受扶養之尊親屬加50%	127,500	127,500

標準扣除額	單身	79,000	90,000
	有配偶	158,000	180,000
薪資所得特別扣除額		108,000	128,000
身心障礙特別扣除額		108,000	128,000

	級距	綜合所得淨額	×稅率－	累進差額
104年綜合所得稅速算公式表	1	0-520,000	5%	0
	2	520,000 -1,170,000	12%	36,400
	3	1,170,000-2,350,000	20%	130,000
	4	2,350,000-4,400,000	30%	365,000
	5	4,400,000-10,000,000	40%	805,000
	6	10,000,000以上	45%	1,305,000

104年退職所得	一次領	170,000×退職年資金額以下	所得額0
		超過170,000×退職年資金額 未達351,000×退職年資金額之間金額	半數為所得額
		超過351,000×退職年資金額以上金額部分	全數為所得額
	分次領	以全年領取總額減758,000後的金額為所得額	

104年所得基本稅額條例	基本所得額免稅額額度（個人）	670萬
	基本所得額免稅額額度（營利事業）	50萬
	保險死亡給付免稅額額度	3,300萬

> （一）104年度及103年度，個人出售未上市及未上櫃公司股票之交易所得，將不再列入個人基本所得額課徵基本稅額，而改列入個人證券交易所得，按15%稅率課徵所得稅。
> （二）本表資料來源為財政部。

四、遺產及贈與稅的介紹

1. 遺贈稅課徵範圍，都是屬人兼屬地主義（如表8-4）

遺贈稅徵稅客體範圍說明表（表8-4）

	中華民國國民	非中華民國國民
經常居住境內	境內外財產	境內財產
經常居住境外	境內財產	境內財產
備註	1. 視同居住者：死亡事實發生前二年，被繼承人或贈與人自願喪失本國籍者，仍依中華民國國民之規定，課徵遺贈稅。 2. 稱經常居住中華民國境內，係指被繼承人或贈與人有左列情形之一：（遺產及贈與稅法第4條） 一、死亡事實或贈與行為發生前二年內，在中華民國境內有住所者。 二、在中華民國境內無住所而有居所，且在死亡事實或贈與行為發生前二年內，在中華民國境內居留時間合計逾三百六十五天者。但受中華民國政府聘請從事工作，在中華民國境內有特定居留期限者，不在此限。 （稱經常居住中華民國境外，係指不合前項經常居住中華民國境內規定者而言）	

2. 遺贈稅的納稅義務人的規定（如表8-5）

遺贈稅的納稅義務人說明表（表8-5）

遺產稅納稅義務人	贈與稅納稅義務人
遺產稅之納稅義務人如下： 一、有遺囑執行人者，為遺囑執行人。 二、無遺囑執行人者，為繼承人及受遺贈人。 三、無遺囑執行人及繼承人者，為依法選定遺產管理人。 備註： 1. 我國的法定繼承順序： 　遺產繼承人，除配偶外，依下列順序定之： 　一、直系血親卑親屬（以親等近者為先）。 　二、父母。 　三、兄弟姊妹。 　四、祖父母。	原則為贈與人 例外： 1. 贈與人有下列情況，為受贈人 　(1)行蹤不明 　(2)逾期未繳納且在國內無財產執行 　(3)死亡時贈與稅尚未核課

3. 擬制遺產與視同贈與之規定（如表8-6）

擬制遺產與視同贈與規定說明表（表8-6）

擬制遺產	視同贈與
被繼承人死亡前二年內贈與下列個人之財產，應於被繼承人死亡時，視為被繼承人之遺產，併入其遺產總額，依本法規定徵稅： 一、被繼承人之配偶。 二、被繼承人依民法第一千一百三十八條及第一千一百四十條規定之各順序繼承人。 三、前款各順序繼承人之配偶。	財產之移動，具有左列各款情形之一者，以贈與論，依本法規定，課徵贈與稅： 一、在請求權時效內無償免除或承擔債務者，其免除或承擔之債務。 二、以顯著不相當之代價，讓與財產、免除或承擔債務者，其差額部分。 三、以自己之資金，無償為他人購置財產者，其資金。但該財產為不動產

| 備註：所謂前款各順序繼承人之配偶（第三款）舉例：若被繼承人有其兄及弟，總共有兩人（是第三順位繼承人），所以兄嫂（第三順位繼承人的配偶）即是。所以死亡前二年內贈與兄嫂之財產，視為被繼承人之遺產，併入其遺產總額，依本法規定徵稅。 | 者，其不動產。
四、因顯著不相當之代價，出資為他人購置財產者，其出資與代價之差額部分。
五、限制行為能力人或無行為能力人所購置之財產，視為法定代理人或監護人之贈與。但能證明支付之款項屬於購買人所有者，不在此限。
六、二親等以內親屬間財產之買賣。但能提出已支付價款之確實證明，且該已支付之價款非由出賣人貸與或提供擔保向他人借得者，不在此限。 |

4. 遺產稅及贈與稅稅額計算（如表8-7）

遺產稅及贈與稅稅額計算說明表（表8-7）

遺產稅額計算	贈與稅額計算
1. 遺產總額 – 不計入遺產總額 ＝應納入遺產課稅額 2. 應納入遺產課稅額 – 免稅額 – 扣除額 ＝課稅遺產淨額 3. 應納稅額＝課稅遺產淨額×10% – 擬制遺產已納之贈與稅及應付利息 – 國外稅額扣抵	1. 贈與總額 – 不計入贈與總額 ＝應納入遺產課稅額 2. 應納入贈與課稅額 – 免稅額 – 扣除額＝課稅贈與淨額 3. 應納稅額＝全年課稅贈與淨額×10% – 當年已繳贈與稅額 – 當年國外稅額扣抵
左（下）列各款**不計入遺產總額**： 一、遺贈人、受遺贈人或繼承人捐贈**各級政府及公立**教育、文化、公益、慈善機關之財產。 二、遺贈人、受遺贈人或繼承人捐贈公有事業機構或全部公股之公營事業之財產。 三、遺贈人、受遺贈人或繼承人捐贈於被繼承人死亡時，已依法登記設立為財團法人組織且符合行政院規定標準之教育、文化、公益、慈善、宗教團體及祭祀公業之財產。	左（下）列各款**不計入贈與總額**： 一、捐贈各級政府及公立教育、文化、公益、慈善機關之財產。 二、捐贈公有事業機構或全部公股之公營事業之財產。 三、捐贈依法登記為財團法人組織且符合行政院規定標準之教育、文化、公益、慈善、宗教團體及祭祀公業之財產。

四、遺產中有關文化、歷史、美術之圖書、物品，經繼承人向主管稽徵機關聲明登記者。但繼承人將此項圖書、物品轉讓時，仍須自動申報補稅。

五、被繼承人自己創作之著作權、發明專利權及藝術品。

六、被繼承人日常生活必需之器具及用品，其總價值在七十二萬元以下部分。（金額會調整）

七、被繼承人職業上之工具，其總價值在四十萬元以下部分。（金額會調整）

八、依法禁止或限制採伐之森林。但解禁後仍須自動申報補稅。

九、約定於被繼承人死亡時，給付其所指定受益人之人壽保險金額、軍、公教人員、勞工或農民保險之保險金額及互助金。

一〇、被繼承人死亡前五年內，繼承之財產已納遺產稅者。

一一、被繼承人配偶及子女之原有財產或特有財產，經辦理登記或確有證明者。

一二、被繼承人遺產中經政府闢為公眾通行道路之土地或其他無償供公眾通行之道路土地，經主管機關證明者。但其屬建造房屋應保留之法定空地部分，仍應計入遺產總額。

一三、被繼承人之債權及其他請求權不能收取或行使確有證明者。

四、扶養義務人為受扶養人支付之生活費、教育費及醫藥費。

五、作農業使用之農業用地及其地上農作物，贈與民法第一千一百三十八條所定繼承人者，不計入其土地及地上農作物價值之全數。受贈人自受贈之日起五年內，未將該土地繼續作農業使用且未在有關機關所令期限內恢復作農業使用，或雖在有關機關所令期限內已恢復作農業使用而再有未作農業使用情事者，應追繳應納稅賦。但如因該受贈人死亡、該受贈土地被徵收或依法變更為非農業用地者，不在此限。

六、配偶相互贈與之財產。

七、父母於子女婚嫁時所贈與之財物，總金額不超過一百萬元。

八、因委託人提供財產成立、捐贈或加入符合第十六條之一各款規定之公益信託，受益人得享有信託利益之權利，不計入贈與總額。

免稅額規定：
被繼承人如為經常居住中華民國境內之中華民國國民，自遺產總額中減除免稅額一千二百萬元；其為**軍警公教人員因執行職務死亡者，加倍計算。**
被繼承人如為經常居住中華民國境外之中華民國國民，或非中華民國國民，其

免稅額規定：
贈與稅納稅義務人，每年得自贈與總額中減除免稅額二百二十萬元。

減除免稅額**比照前項**規定辦理。

扣除額規定：

左列各款，應自遺產總額中扣除，免徵遺產稅：

一、被繼承人遺有配偶者，自遺產總額中扣除四百萬元。

二、繼承人為直系血親卑親屬者，每人得自遺產總額中扣除四十萬元。其有未滿二十歲者，並得按其年齡距屆滿二十歲之年數，每年加扣四十萬元。但親等近者拋棄繼承由次親等卑親屬繼承者，扣除之數額以拋棄繼承前原得扣除之數額為限。

三、被繼承人遺有父母者，每人得自遺產總額中扣除一百萬元。

四、第一款至第三款所定之人如為身心障礙者保護法第三條規定之重度以上身心障礙者，或精神衛生法第五條第二項規定之病人，每人得再加扣五百萬元。

　　（身心障礙者保護法已更名為身心障礙者**權益**保護法，第三條似乎不對，精神衛生法第五條第二項也不對，筆者已向立委反映待修正）

五、被繼承人遺有受其扶養之兄弟姊妹、祖父母者，每人得自遺產總額中扣除四十萬元；其兄弟姊妹中有未滿二十歲者，並得按其年齡距屆滿二十歲之年數，每年加扣四十萬元。

六、遺產中作農業使用之農業用地及其地上農作物，由繼承人或受遺贈人承受者，扣除其土地及地上農作物價值之全數。承受人自承受之日起五年內，未將該土地繼續作農業使用且未在有關機關所令期限內恢復作農業使用，或雖在有關機關所令期限內已恢復作農業使用而再有未

扣除額規定：

一、贈與附有負擔者，由受贈人負擔部分應自贈與額中扣除。

二、在贈與額中扣除之負擔，以具有財產價值，業經履行或能確保其履行者為限。

三、負擔內容係向贈與人以外之人為給付得認係間接之贈與者，不得主張扣除。

四、不動產贈與移轉所繳納之契稅或土地增值稅得自贈與總額中扣除。

五、負擔之扣除，以不超過該負擔贈與財產之價值為限。

（以上部分免稅額或扣除額會隨物價指數變動，請參照表8-9第5項內容）

作農業使用情事者,應追繳應納稅
賦。但如因該承受人死亡、該承受
土地被徵收或依法變更為非農業用
地者,不在此限。

七、被繼承人死亡前六年至九年內,繼
承之財產已納遺產稅者,按年遞減
扣除百分之八十、百分之六十、百
分之四十及百分之二十。

八、被繼承人死亡前,依法應納之各項
稅捐、罰鍰及罰金。

九、被繼承人死亡前,未償之債務,具
有確實之證明者。

一〇、被繼承人之喪葬費用,以一百萬
元計算。

一一、執行遺囑及管理遺產之直接必要
費用。

被繼承人如為經常居住中華民國境外之
中華民國國民,或非中華民國國民者,
不適用前項第一款至第七款之規定;前
項第八款至第十一款規定之扣除,以在
中華民國境內發生者為限;繼承人中拋
棄繼承權者,不適用前項第一款至第五
款規定之扣除。

**(以上部分免稅額或扣除額會隨物價指
數變動,請參照表8-9第5項內容)**

附註:公益信託不計入遺產及贈與總額規定,稍後另專章說明。

5. 遺產稅及贈與稅申報時機

遺產稅在有被繼承人死亡時申報,贈與稅在超過年度免稅贈
與額度時申報,詳如下表(表8-8):

遺產稅及贈與稅申報時機說明表(表8-8)

遺產稅申報時機規定	贈與稅申報時機
當被繼承人死亡之日起六個月內應申報遺產稅。(遺產及贈與稅法第23條)	於年度超過免稅贈與額度之當次贈與日後三十日內應申報贈與稅。(遺產及贈與稅法第23條)

備註：
1. 除了經公證之贈與及為道德義務之給付，贈與人未移轉贈與之部分得撤銷。
2. 視同贈與的案子，稽徵機關應先通知當事人於收到通知後十日內申報。（財政部760506台財稅第7571716號規定）

6. 隨物價調整之免稅額及扣除額項目

遺產稅及贈與稅部分項目金額會隨物價指數調整，茲列舉104年遺產稅及贈與稅適用免稅額及扣除額金額表（表8-9）請參考。

104年遺產稅及贈與稅適用免稅額及扣除額金額表（表8-9）

遺產稅	贈與稅
不計入遺產總額部分： 被繼承人日常必需用具：89萬。 被繼承人職業工具：50萬 免稅額：1,200萬（**軍警公教人員因執行職務死亡者2,400萬**）。 扣除額： 1. 配偶扣除額：493萬。 2. 父母扣除額：每人123萬。 3. 直系血親卑親屬、受扶養兄弟姊妹、祖父母之扣除額：每人50萬 4. 未滿20歲：每人每年加扣50萬。 5. 配偶、直系血親卑親屬、父母等符合身心障礙或精神衛生法規定：每人加扣618萬。 6. 喪葬費123萬。	免稅額：220萬。

五、贈與稅節稅規劃舉例

1. 每年規劃贈與時，考慮免稅額及扣除額額度，以不超過額度內分年贈與。

2. 不動產贈與取代現金贈與：由於贈與不動產是用公告現值與房屋評定現值計算贈與額，當然比市價低。直接購買不動產贈與，而非贈與市價相當的現金後再購買，可大幅降低贈與額。（暫不考慮受贈人之後若出售時房地稅合一稅影響）

3. 夫妻間贈與得免稅，可以先把部分額度贈與給配偶，在分次在免稅額內贈與子女。

4. 贈與農地或公共設施保留地免課贈與稅，依遺產及贈與稅法第20條規定：作農業使用之農業用地及其地上農作物，贈與民法第一千一百三十八條所定繼承人者，不計入其土地及地上農作物價值之全數。另依都市計劃法第50-1條規定：公共設施保留地因繼承或因配偶、直系血親間之贈與而移轉者，免徵遺產稅或贈與稅。（例如某甲要資助其子創業擬贈與2,000萬元，若用現金贈額，需負擔稅額，某甲於是把自己農地市價2,000萬元，贈與給兒子免贈與稅，農地過戶給其子後，其子再出售得款2,000萬）

5. 子女結婚，打算做最大程度的免稅贈與。可以安排婚期在年底，父母可跨年各一般贈與免稅額440萬元，再分別用100萬為婚嫁贈與，則總共可贈與1,080萬。

6. 若是負有負擔的贈與，請保留證明文件，以為扣除額計算時使用。

7. 居住地不同的贈與規劃，例如李醫師的太太已取得美國籍超過5年，其兒子在美國準備結婚，在高雄的李醫師從台灣匯

款給太太100萬美元，**屬於免贈與稅**，再由李太太購屋供給
兒子當新房（暫不考慮太太在國外可能稅負）。

8. 變更主體身分為非居住者，但需考慮新舊身分的稅負差異，
否則反而得不償失。

六、遺產稅節稅規劃舉例

1. **購買以被繼承人為要保人及被保險人，並已指定受益人之壽
險保單**，依遺產及贈與法規定不計入遺產總額。

2. **用現金購買農用農地**。用現金購買農地可以消化現金金額，
依遺產稅扣除額第六項規定，該農用農地可全數扣除。若可
以用貸款買地，也可以創造負債額，也是第九項的扣除額項
目。

3. **將財產於死亡兩年前贈與配偶**，例如老夫迎娶少妻，為了保
護妻子的財務無虞，可以提早贈與財產給配偶，因沒人可預
料生命的長短，如此儘量規避死亡前兩年內贈與被視為擬制
遺產的情事。

4. **分年有計劃的移轉名下財產，降低身故時的遺產額。**

5. **將現金購買住房及公設地**，不動產現值低於市價已如前述，
會使計算遺產稅時，財產總額會降低。現在房價高漲，若可
以先協助子女，在其有需要住房前，先購入收取租金當生活
費，身故後把房子留給子女。
**依免計入遺產總額第十二項，公眾通行道的公共設施保地除
免稅外**，另依遺產及贈與稅法實施細則第44條規定： 被繼
承人遺產中依都市計畫法第五十條之一免徵遺產稅之公共設
施保留地，納稅義務人得以該項財產申請**抵繳遺產稅款**。

6. **同意不分遺產也不必辦拋棄繼承**，不然等於放棄規定的扣除

額。有些台灣的民間習俗，嫁出去的女兒就不被同意繼承娘家的財產，若是女兒同意不繼承也不需為拋棄繼承，可以與兄弟簽定遺產分割協議書註明即可。

7. **申請夫妻財產分配請求權**：依民法第1030-1條，若夫妻為法定財產制（無需特別申請），當法定財產制的關係消滅時（一方身故合於規定），生存配偶可向法院申請。當身故者的財富遠高於生存配偶時，申請夫妻財產分配請求權，自然把遺產總額拉低。

Chapter 9

政策性給付與金融保險商品課稅規定

　　理財規劃與稅捐規定息息相關，使用的方案或工具往往與租稅規定有極大關連。本節以重要的金融商品與政策性的給付說明，至於其他如不動產、信託等的稅捐規定，將於之後的章節再探討。

一、營利事業政策性給付稅捐規定

1. 勞保、健保與退休金提繳及給付時的課稅規定

　　依營利事業所得稅查核準則第83條，**機構為職工繳付的勞保及健保的部分免計入應納稅所得額**。職工自繳部分則不在免稅之列，但是可以列入綜所稅的保險扣除額。

　　至於**機構幫勞工提繳的勞工退休金6%部分是強制責任**，另勞工可以在每個月工資6%的範圍內，個人自願另行提繳退休金，個人自願提繳金額應從當年度的個人綜合所得總額中全數扣除，但扣除的金額以月提繳工資上限15萬元的6%為限。

　　依所得稅法第4條第1項第7款「人身保險、**勞保及軍、公、教保險的保險給付**」等免納所得稅，且依遺產及贈與稅法第16條規定，亦不計入被繼承人遺產。

　　而勞工退休金，不論是新舊制都屬於退職所得，依所得稅法規定為定額免稅。

2. 營利事業為職工投保之團體保險稅捐規定

　　依營利事業所得稅查核準則第83條，**營利事業為員工投保團體壽險**，由營利事業負擔保費，受益人指定營利事業或員工家屬，准列為營利事業保費支出，每人每月2,000元以下的部分，**免視為員工薪資所得，超過的部分列為薪資所得**，但員工可列舉保費扣除。目前團體壽險不含投資型保險，一般以傳統壽險、醫療險或意外險為主。

二、個人購買的商業保險稅捐規定

1. 可列綜合所得稅的列舉扣除額

依所得稅法第17條，保險費是列舉扣除額的一個項目。其規定「納稅義務人、配偶或受扶養直系親屬之人身保險、勞工保險、國民年金保險及軍、公、教保險之保險費，**每人每年扣除額以不超過二萬四千元為限。但全民健康保險之保險費不受金額限制**」。有幾點注意，一、若非受扶養直系親屬，如哥哥為其受扶養弟弟投保，不得扣除。二、商業財產保費不可扣除。三、除健保不受限制外，其餘並計以一人2.4萬為限。若有一家五口，若每人以2.4萬計算，假設邊際稅率20%，等於24,000×5×20%=24,000元，也就是說政府幫我們補貼2.4萬的保費支出，也不無小補。

2. 保險給付在所得稅的規定

依所得稅法第4條第1項第7款「**人身保險、勞保及軍、公、教保險的保險給付**」等免納所得稅。

3. 保單在遺產稅之規定與應用

依保險法第112條：「保險金額約定於被保險人死亡時給付於其所指定之受益人者，其金額不得作為被保險人之遺產」。同法第113條：「死亡保險契約未指定受益人者，其保險金額作為被保險人之遺產」。另依遺產及贈與稅法第16條：「**約定於被繼承人死亡時，給付其指定受益人的人壽保險金額，不計入遺產課稅**」。對照此法條需有幾個條件：一、死亡者為被保險人且為被繼承人。二、需在事故理賠時已指定受益人。三、屬於人壽保險的保單。

另外保險法第135條規定**傷害保險**準用上述保險法第112及113條規定。同法第135-3條有關年金保險規定：「受益人於被保

險人生存期間爲被保險人本人，保險契約載有於被保險人死後給付年金者，其受益人……準用之（含112及113條之準用）」。所以人壽保險、傷害保險及年金保險在保險法都可以適用遺產稅免稅規定，但年金保險實務上，國稅局仍可能會審核課稅。

值得注意提醒規劃者，在保單投保期間，有關受益人的指定，可在先順位指定特定人爲受益人，但最後順位一定要加一個法定繼承人，如此可以避免因受益人先於被保險人死亡，而未再指定受益人，以致保險金被視爲遺產的不利狀況。

因實質課稅的原則，某些保單會被國稅局認定並非以保險保障本意，純爲規避稅負，仍可能被課徵遺贈稅。所以高額投保、重病期間投保、以躉繳保單大額單筆投入、高資產族群的保單等等，都是可能被課予稅捐，更嚴重時會被認爲未如實申報，最終被連補帶罰，可謂是賠了夫人又折兵。

若以遺產稅規劃而言，大致有兩種關於投保人、被保險人及受益人不同的安排，其優缺點如下（表9-1）：

壽險保單不同身分安排優缺點分析表（表9-1）

	要保A，被保A，受益B	要保B，被保A，受益B
優點	若B先於A身故，只要另指定受益人即可。	A先於B身故，要保人與受益人相同，無最低稅負制的適用問題。
缺點	A先於B身故，因要保人及受益人不同，有最低稅負制適用的問題。	若B先於A身故，該保單將成爲B之遺產，之後需再變更要保人。

備註：A是被規劃爲被繼承人，B是被規劃爲繼承人

4. 保單可能產生贈與稅問題

　　A. 中途變更要保人，有被課徵贈與稅的風險

　　當我們購買保單，隨者繳費期數越長，保單價值對於要保人而言是屬於財產的一部分。國稅局表示若變更要保人及受益人，將原本個人應得的保險利益，變更為他人所有，等於將財產無償移轉，將認定為贈與行為課徵贈與稅。如當我們從小幫孩子買保單時，簽約前應考慮要保人為誰，及對稅負的影響。稅捐機關有某遺產稅案件，發現被繼承人生前以子女為被保險人，自己為要保人及受益人，向保險公司投保數張儲蓄型保單，每年保費繳納上看100萬元。但在重病前，知道自己來日不多，於是向保險公司申請將要保人及受益人變更為子女。按保險法的規定，要保人負有交付保險費義務，因保單有財產價值的權利，當保單尚未發生給付保險金之前，要保人交付的保險費累積利益則屬要保人所有。國稅局表示，變更要保人及受益人後，將應得的保險利益，變更為他人所有，等於將財產無償移轉給子女，符合贈與行為。

　　B. 領取儲蓄險金額時，要保人與受益人不同

　　若是購買有領回的壽險，如生死合險定期領回的儲蓄險或養老險等，若是以父母當投保人購買，子女當受益人領取金額，因**要保人與受益人不同，且無夫妻可相互贈與的權利，當要保人尚存活時，無權利對價時，就被認為是贈與。**

5. **最低稅負制中，保單給付的規定**

　　依所得基本稅額條例第12條有關保單被列入個人基本稅額規定：「**本條例施行後所訂立受益人與要保人非屬同一人之人壽保險及年金保險，受益人受領之保險給付。但死亡給付每一申報戶全年合計數在新臺幣三千萬元以下部分，免予計入**」（目前免稅額度為3,300萬元）。

　　舉例，若張三為要保人也是被保險人投保壽險5,000萬，受益人為張妻。當在103年度時張三身故，保單5,000萬理賠金符合規

定不計入張三遺產，並由張妻領取5,000萬保險金，正常的狀況壽險保險人的受益人無需課徵綜合所得稅，但本例卻符合要保人與受益人不同，需計算基本稅額。假設張妻全戶一般綜合所得淨額200萬元，假設除此保單外，無其他應計入基本稅額的項目，也無綜所稅的其他抵扣額，那張妻全戶的稅額如何？先計算**基本稅額**：200萬＋（5,000萬－3,300萬）－670萬＝1,230萬，再乘20%等於246萬。**一般所得稅額**200萬×20%（稅率）－130,000（累進差額）＝270,000。所以張妻除綜合所得稅額以外，另需依差額補繳219萬元之稅額（246萬減27萬）。

6. 投資型保單所得稅課稅規定

財政部稅法釋令

日期文號：　財政部98.11.06台財稅字第09800542850號

摘要：個人投資型保險所得課稅規定

核釋個人投資型保險所得課稅規定如下：

一、99年1月1日起要保人與保險人所訂立之投資型保險契約，契約連結之投資標的或專設帳簿資產之運用標的發生之收益，保險人應於收益發生年度，按所得類別依所得稅法規定，減除成本及必要費用後分別計算要保人之各類所得額，由要保人併入當年度所得額，依所得稅法及所得基本稅額條例規定課稅。所稱收益發生年度，指投資型保險契約所連結投資標的或專設帳簿資產運用標的之獲配收益之年度，或保險人處分或贖回所連結投資或運用標的之年度。

二、因保險事故發生，保險人自投資型保險契約投資資產之價值所為之各項給付，非屬所得稅法第4條第1項第7款規定之保險給付，免計入受益人之所得課稅，亦無所得基本稅額條例第12條第1項第2款規定之適用。

三、因要保人解約或部分提領，保險人自投資型保險契約投資資產之價值所為之各項給付，免計入要保人之所得課稅。

四、投資型保險契約連結投資標的或專設帳簿資產之運用標的發生之中華民國境內收益，應依下列規定辦理扣繳及申報：

（一）扣繳義務人應於給付投資收益時，以保險人為納稅義務人，依所得稅法第88條規定辦理扣繳，開具扣免繳憑單。保險人將投資收益計算分配至要保人投資帳戶時，再以要保人為納稅義務人，依要保人所獲配收益區分利息所得或股利所得併同扣繳稅款或可扣抵稅額轉開扣免繳憑單或股利憑單，由要保人併入當年度所得額，依所得稅法規定課稅。

（二）要保人如為中華民國境內居住之個人，其所獲配收益中屬於保險人獲配時已依規定扣繳稅款且無須併計要保人綜合所得總額之債（票）券、證券化商品之利息所得及結構型商品交易之所得，保險人無須轉開扣免繳憑單；要保人存款利息所得全年不超過新臺幣1,000元者，依本部98年10月28日台財稅字第09804570160號令修正發布之各類所得扣繳率標準第13條第3項規定，保險人無須轉開扣免繳憑單。各該收益之扣繳稅款屬於要保人，保險人不得自其應納稅額中減除。

（三）要保人如為非中華民國境內居住之個人，應以保險人為扣繳義務人，就要保人所獲配之收益，依所得稅法第88條規定辦理扣繳。但屬於要保人之已扣繳稅款，得自其應扣繳稅款中減除。

（四）保險人應於獲配收益之次年度1月底前，將所轉開予要保人之扣免繳憑單或股利憑單，向該管稽徵機關列單申報，並應於2月10日前將扣免繳憑單或股利憑單填發予要保人。

（以上資料來源：財政部）

三、利息收入的稅捐規定

1. 免稅的利息所得的規定

存放在郵政公司的存簿儲金之利息免徵所得稅（郵政儲金匯兌法第20條規定，目前為本金100萬元所產生的利息免稅）。

2. 來自金融機關的利息所得稅規定

金融機關會統一依規定比率扣繳利息所得稅，綜所稅的納稅戶，如有來自金融機關的利息所得及儲蓄性質信託資金收益，全年在不超過27萬之限額內，得列為儲蓄特別扣除額，自綜合所得總額中扣除。

3. 民間借款的利息所得稅規定

　　給付利息的債務人為自然人時免辦扣繳稅款，但所得人仍應申報利息收入繳稅。

4. 適用綜合所得稅分離課稅的金融商品（含利息所得稅）規定

適用分離課稅的金融商品一覽表（表9-2）

項目	居住者	備註
1. 短票利息所得	10%	
2. 金融證券化、不動產證券化或私募證券受益憑證分配之利息	10%	
3 個人持有公債、公司債及金融債之利息所得	10%	第4項非為利息所得
4. 結構型商品所得	10%	
5. 可轉讓定存單利息所得	10%	

備註：稅率自99年起適用。

5. 補充保費規定

　　以單次給付利息的2%的金額收取，但單次利息低於5,000元不收。若單次給付超過1,000萬以上，以1,000萬的2%來收取。（衛福部宣示自105年起扣費門檻上調至2萬元，而全民健康保險會也議決補充保費費率從2%降至1.91%，最快105年元旦上路）

四、投資共同基金的稅捐規定

1. 共同基金轉讓受益憑證需否課徵交易稅規定：

　　封閉型基金需繳納交易稅；開放型基金申請買回或基金解散時，繳回受益憑非屬證券交易稅課徵範圍。

2. 受益憑證受益人在持有期受配發出之股利所得或利息所得應繳所得稅。

3. 受益憑證受持有人轉讓時若有交易所得，在證券交易所得稅停徵時期（79年度開始），得免計入所得稅額，但交易損失亦不得從所得額中減除（所得稅法第4條之1）。

五、投資股票課稅規定

1. 股票交易稅規定：依證券交易稅條例第2條規定，向證券交易出賣有價證券人按每次交易成交價格徵千分之三。

2. 個人股票交易所得稅規定：

A. 證券交易所得稅原則於民國79年停徵。（所得稅法第4-1條規定）

B. 例外：「但自102年1月1日起，個人下列券交易所得課徵所得稅：未上市上櫃，興櫃，IPO股，證券交易所得稅按15%分離課稅。」

個人（本國人）進行股票交易所得稅稅捐規定簡介表（表9-3）

上市、上櫃、興櫃、IPO	非上市櫃
一、課稅規定：（分開計稅，稅率15%） 原則：免稅 例外（以下情況需課稅）： 1. 當年出售興櫃股票10萬股以上。 2. 初次上市、上櫃前取得之股票，於上市、上櫃以後出售者。但排除下列情況： 　A.屬101年12月31日以前初次上市、上櫃之股票。 　B.屬承銷取得各該次上市、上櫃股票，數量在1萬股以下者。 二、長期持有優惠： 1. 合於適用條件股票，自取得日起至轉讓日止，持有滿1年以半數為所得。	一、課稅規定： 　原則：財產交易所得，不入最低稅負制。 二、不併入綜合所得總額，所得按15%分開計算稅額。 三、長期持有優惠亦適用。

> 2. IPO股票自上市櫃買賣開始日起至轉讓
>   日止，繼續持有滿3年者，以四分之一
>   為所得。
>
> 備註：
> 107年起年出售上市櫃、興櫃股票超過10
> 億元者，應就超過10億部分之金額，按千
> 分之五計算證券交易所得，並按20%稅率
> 分開計算應納稅額，不併計綜合所得總
> 額。

備註：立法院已三讀通過自105/1/1起廢除股票證所稅，可能影響請參照附錄三。

3. 股東可抵扣稅額減半的影響

　　2014年5月將兩稅合一股利扣抵率從100%扣抵降至50%（股東可扣抵稅額減半），使股票投資人申報綜所稅時，可抵扣稅額比原來少一半，對投資人當然不利。舉一個簡化的例子，公司淨利100（百萬），營所稅17%，繳稅額100×17% = 17（百萬）。稅後盈餘100 – 17 = 83（百萬），則稅額扣抵比率 = 17/83 = 20.48%。83（百萬）是股利淨額，股東可抵扣稅額 = 股利淨額83×20.48%(17/83) = 83×17/83 = 17（百萬），所以股利總額100（百萬）= 股利淨額83（百萬）+ 股東可抵扣稅額17（百萬）。若有該公司某股東扣繳單股利淨額83萬，則83×20.48% = 股東可抵扣稅額17萬。但是目前稅額扣抵比率減半，即83×20.48%×50% = 8.5萬，所以股利總額 = 股利淨額83萬 + 股東可抵扣稅額8.5萬 = 91.5萬。如果未減半前，若綜所稅是30%稅率，100×30% = 30萬，所以需補稅(30 – 17) = 13萬。減半後91.5×30% = 27.45萬，應補稅(27.45 – 8.5) = 18.95萬。所以要補繳更多的所得稅，另健保補充保費2%，雖不是正式的稅，但也讓可支配所得降低了，原為股利總額100萬×2% = 2萬，可

抵扣稅額減半後為91.5萬×2%=1.83萬，稍降一些，但總體還是負擔增加。（補充保費在股利總額低於5,000元不收，股利總額高於1,000萬時以1,000萬為費基，衛福部宣示自105年起扣費門檻上調至2萬元，而全民健康保險會也議決補充保費費率從2%降至1.91%，最快105年元旦上路）

Chapter 10

不動產理財與其相關稅務

一、有土斯有財vs.無殼一身輕

　　部分國人都有「有土斯有財」的根深蒂固的觀念，一生當中都想幫自己與家人找到一個可以遮風避雨的地方，況且「家」是人們情感的樞紐。筆者在碰到的顧問中，統計一下規劃需求者的願望，三大積極型的理財需求為退休金、購屋及教育金規劃。但是台灣又有一個獨特的現象，那就是租金報酬率普遍較世界水平為低。租金報酬率是年租金收入除以房價，台灣目前租金報酬率一直偏低。因為租金報酬率低及追求自由，不願受房貸束縛，拒絕一輩子把自己當屋奴的，也有一群追隨者。筆者曾與一位不買屋的朋友討論過此事，他說自己是頂客族（DINK表示Double Income No Kid），只要拿出相對低的租金，就可以住進物美價廉，裝潢優渥的豪宅，享受一般人難有的社區設施，何樂不為呢？除此之外，又可以把財務資源用到別的目標上，可真是一舉數得，聽起來也不無道理。

二、房屋是民生設備還是投資工具

　　如果說房地產是一種投資工具，沒有人會否認。但是房地產與其他投資工具比較，最特別是具有實用功能，不像其他投資工具本身不能吃也不能用。除了實用之外，不動產的稀少性、保值性與增值性讓許多投資人偏愛。但不可諱言，如果房價過高，也會造成嚴重的社會問題。目前台北的柯式新政，也把住居列為施政重點，是值得肯定，希望只租不賣的社會住宅可以得到市民的支持。我們希望政府在投資與居住正義取得平衡，畢竟不動產是經濟動力火車頭，如果不動產維持一個理性溫和的發展，對於所有國人都有幫助。

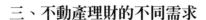

三、不動產理財的不同需求

　　上一段我們提到不動產既是民生設備也是理財工具，一般來說**不動產的需求分成幾類：第一種是自住與自用型**。這是比較剛性的需求，所以在不同高低價時期，比起其他需求都比較穩定，不似投資需求量，少有大起大落的狀況。當然這種需求，可以透過購屋或租屋去實現。**第二種是投資需求**，細分為獲取租金為主，這種包租公包租婆的需求，尚能穩定持有。另外是以賺取差價的投資客需求，往往有助漲助跌的效果，會使房價產生較大的波動結果。**另外一種是各別特殊性需求**，例如：家族的資產配置、稅務或傳承的需求。不同理財需求都有不同的財務規劃，第二、三種的需求會是各別獨特性，量身定做的情況更多，比較不易去歸納一定的規則。倒是第一種需求，一般討論的比較多，也相對有固定的模式可循。

四、自用型可購最高總價的評估方法

1. **房價年所得比**：這是坊間比較熟悉的評估方法。其原理在探求若一人或一戶，需要不吃不喝多少年才可以購屋。當然每個人不可能不吃不喝，一般大眾也少有存到了購屋全額後才進場，否則以房價增長的速度，再如何追也難追到了。我們常聽到某某國家的房價年所得比，或是某個城市的房價年所得比。但以個人的立場而言，都比較沒意義，個人要關心的是個人的房價年所得比。也就是說個人中意的房子，其當前的價格除於個人的年所得，計算出來的倍數才是最需要關心的。一般理財專家的估計，最好不超過5至8倍，若超過10倍以上，購屋者的負擔就很大，若超過20倍以上，那購屋真的

只能成為夢想！目前筆者查詢的資料，台北市的房價所得比為15.01倍（2014/4/7，美國顧問業者Demographia統計），是當時全球最高的倍數。雖然台灣其他地區也有相對較低的地區，但除非搬到該處居住與就業，不然住台北或在台北就業的人就是要忍受此高房價。依照如此倍數來評估可購最高房價，舉例若是張三可忍受倍數是10倍，目前家庭收入為150萬，所以其值為1,500萬。

2. **可購房價試算額**：這是評估個人已擁有一筆自備款在身上，若再加入未來某時期內主觀上認定可負擔的每期房貸額換算成可貸額度，把自備款及試算的可貸額度加總，就成為最高可購房價額了。例如，張三手頭上有500萬的自備款，另外估計可以負擔的每月房貸額為4萬元，若假設當時20年期房貸利率2.5%，我們用財務函數求得可貸款額為755萬（Rate：2.5%/12，N = 12×20 = 240，PMT = –40,000，FV = 0，Type：期末，求得PV約為755萬元），所以可購房價為755萬加500萬等於1,255萬。

3. **貸款收入比**：另外也要考慮，貸款額占收入比的情況。因為張三不可能把賺來的收入全部做為還貸款之用。一般家庭消費占收入約三分之一，所以貸款額客觀上建議在三分之一，最高不超過三分之二，否則嚴重影響家庭生活品質。張三年收入150萬換算月收12.5月，4萬的房貸占比32%，尚屬合理值。有時候比較主觀認定的(2)項可還貸金額，要與本(3)項金額對照一下。例如主觀認定可用每月10萬還貸款，所算出(2)項金額當然會更高，但是10萬已占12.5萬收入的80%，顯然是不合適的估算。

最後，把此三種估算做綜合評估，我們建議寧願用較保守的

估計，建議張三以1,255萬的金額購屋。

五、先存夠錢再買，還是先用貸款買

　　其實就要看個人的投資理財的報酬率，是否高過房價增長率，以及購屋前的租屋成本。假設，每期的工作收入一定，部分金額用做租金後，其餘做為投資理財之用。一般來說投資理財的波動性大，而貸款以後基本上利率已經確定。況且租金也有可能隨房價增長，如此又要抵掉每期投入額，投資額減少，即便報酬率不變，也會讓總報酬變低。若買屋的決策是一定的，先用貸款買入的方式，是風險較低的辦法，況且房價增漲率越大，對於已使用一定利率的名目貸款額，其實是在降低房貸的負擔。

六、投資不需資金，知道房貸的祕密，下一秒變成有錢人

　　最近看到一則廣告下標「投資不需資金，知道房貸的祕密，下一秒變成有錢人」。聽起來頗為聳動，筆者試著推論分析，其重點應在探討如何借得更高的貸款，甚至可以超額貸款。由高額貸款買進不動產，再等待時機賣出高價，賺取豐厚的資本利得，其實這是一種財務槓桿原理的操作。要達到目標並非不可能，但是要有幾個條件。第一，信用達到銀行標準，當然可以藉由一些方式以便增加額度。第二、借錢以後保證有能力償還。第三、保證可以買到物超所值的物件。第四、保證物件短期或是在設定的賣出期一定漲價。第五、保證有人一定可以用高價接手所賣出的物件。目前房價短期漲跌看法分歧，但今年（2015年）房仲看跌似乎比較高，長期房價名目價格會上漲是比較可接受看法，但短期則不一定是確定的。我們假設自備款100萬，貸款額900萬（儘

量高估成數），所以總價1,000萬，一年後賣出（先不考慮提前還款可能產生的費用）。假設各有漲跌10%的可能，若房貸利率為2.5%，並對投資人寬鬆一點，當中期間只繳利息不繳本金。我們可以用淨值報酬率（ROE），來計算一年後的結果。利息費用共900萬×2.5% = 22.5萬。第一種情況漲10%等於1,100萬減1,000萬，計算出的資本利得等於100萬，扣除利息費用22.5萬後為77.5萬。淨值是100，所以淨值報酬率等於77.5萬/100萬 = 77.5%。但若是賠10%等於賠100萬，再扣利息22.5萬，總計122.5萬，淨值報酬率為（–122.5萬）/100萬 = –122.5%。

七、一般常見的金融機構貸款種類說明

　　我們先以利率是否固定與否，做為第一種選項，另外以是否有變化型強調理財功能的組合做為第二種選擇的組合，所以有固定利率及浮動利率，另搭配是否具理財功能（如抵利型功能、隨借隨還的額度型功能……等等）或只是單純的貸款功能做組合。即左邊的任一種搭配右邊的任一種（或一種以上），詳如下表（表10-1）。

　　除了利率及是否具理財功能之外，一般貸款尚要知道的基本資訊為：一、希望貸款額度成數及金額。二、本金平均攤還或本息平均攤還。三、預定繳款年限。四、希望的寬限期（允許只繳利息，不繳本金的期限）。

一般常見的金融機構貸款種類及功能組合表（表10-1）

利率的選擇		是否具理財功能及種類
固定型利率：由行庫依基本放款利率自訂，不需跟隨市場變化（A）	一般組合舉例： 1. 先針對左方利率選擇不同方案：（A）、（B）、（C），通常只能擇一。 2. 決定前項後，可依銀行推出的右方功能去搭配。通常若是單純房貸功能（甲）方案，就不具（乙-1）及（乙-2）的功能。但是若是具理財功能的方案，可能同時包含（乙-1）及或（乙-2）的功能。	單純房貸功能（甲）
一段式指數利率：指標利率+固定加碼利率（B）		具抵利型房貸功能：即借款人與行庫約定抵利型房貸計息方式計算利息，並指定活期存款帳戶做為抵利帳戶，當此帳戶存入金額時，第一、可以和剩餘貸款本金相互抵，因此可以加速還款速度，減少利息支出。第二、或是降低每期還款額。（乙-1）
階梯式指數利率：指標利率＋加碼利率（與一段式比較，利率前低後高）（C）	3. 例如某銀行推有以下產品：〔活用型房貸〕：階梯式指數型房貸（C）＋額度房貸（乙-2）。	具理財型額度房貸功能：與一般房貸不同是一般房貸本金還款後不能再動用，而理財型的房貸，是有一個循環額度，借款後只要還款，就自動復原額度。且不動用額度就無利息問題，能隨借隨還，借多久算多久利息。（乙-2）

備註：1.指標利率（定儲利率指數）會隨市場變動，有按月或季調整。加碼利率依行庫自行考量授信政策制定。

　　　2.上表為某銀行的真實商品，其設計〔活用型房貸〕：指數型房貸＋額度房貸。產品設計是除了一般指數型利率房貸外，再搭配一筆可以靈活運用的額度。以上只是原則說明，目前金融機構產品推陳出新，選擇性更多樣。

八、政府政策性住宅補貼

　　政府會不定期推出優惠性住宅補貼，若有需要可向主管機關

查詢最新規定，除了優惠貸款之外（政府目前提供的優惠利率方案如表10-2），也不定期提供租金及利息補貼等優惠方案，請注意向主管機關諮詢。

目前優惠利率表（表10-2）

（自100年7月6日起）

項目		利率
住宅補貼之購置、修繕住宅貸款利息補貼	弱勢戶	0.842%
	一般戶	1.417%
「青年安心成家方案」之「前二年零利率購置住宅貸款利息補貼」之第三年起優惠利率	弱勢戶	0.842%
	一般戶	1.417%
國民住宅	國宅基金	1.417%
	銀行融資	2.25%
四千億元優惠購屋專案貸款（已受理截止）		1.575%
青年購屋低利貸款（已受理截止）		1.375%
鄉村住宅之興建、修繕住宅貸款（已受理截止）		1.375%
※中華郵政股份有限公司定期儲金未達1,000萬元二年期機動利率，自100年7月6日起為1.375%		

資料來源內政部：（2015年5月）

（http：//pip.moi.gov.tw/V2/B/SCRB0201.aspx？Func=Detail&id=582）

九、政府新辦的逆向抵押貸款

由於台灣人口老化快速，未來養老的問題會越來越嚴重。有一些老者，一身的儲蓄全部用在繳付房貸，以致退休以後，就無足夠現金過活。內政部於102年提出「不動產逆向抵押貸款制度試辦方案」，後因政府組織改造，現在由衛福部接辦。台北市在2014年12月開辦「北市公益型以房養老實驗方案」，該方案依據房地產價格及長者年齡計算每月給付生活費用（表10-3），等老

者身故時,房產再交由政府按規定處理。跟一般抵押貸款借款人先拿到資金,之後再繳清貸款,塗銷抵押的程序剛好相反,所以稱爲逆向抵押貸款。但本辦法規定似有不盡理想,實施情況不如預期。

給付金額說明表(表10-3)

(僅供參考,實際金額仍依本案給付原則及個案實際條件精算爲準)

房價 (萬)	65歲 可得生活費	70歲 可得生活費	75歲 可得生活費	80歲 可得生活費
876	$21,700	$29,600	$41,400	$43,000
1,000	$24,900	$33,800	$43,000	$43,000
1,200	$30,200	$40,700	$43,000	$43,000
1,800	$43,000	$43,000	$43,000	$43,000
2,100	$43,000	$43,000	$43,000	$43,000

給付原則:
1. 男女性同年齡層給付金額計算標準一致。
2. 雙人申請時,以較年輕方計算給付金額。
3. 精算後之每月給付金額將會以最低基本生活費爲基準,不會低於1萬5千元。
4. 無限制房產價格,然每月給付金額上限爲4萬3千元。
5. 給付金額每年會成長1%。
以上資料源自台北市政府網站(2015年4月):http://rmsc.ippi.org.tw/sub_4.html

十、購屋規劃的步驟

有專家統計台灣人每人一生購屋平均只有1.7次,房屋不像股票基金只要幾千幾萬元就可以買到,一棟房屋動輒百萬或千萬元。而房價從2009年這一波的漲價幅度非常驚人,讓更多人望屋興嘆。如果年青人有幸可以以自己的能力或是長輩的支持,買一棟小套房獨自自住也好,或剛結婚當成新房也好,都是值得恭喜與慶賀。如上所說,住房是個高價產品,地產的法規也多如牛

毛，建築規劃及建材都有一定的專業，加上一般人購屋的經驗難免不足，所以需要好好規劃，以免犯錯或是掉入不肖之徒的陷阱。若可能請教各方面的專家，一定可以更保護自己的權益，以下為購屋規劃步驟，請予參考：

步驟一：看屋前的準備

　　當已經開開心心預備買房前，請先做好看屋前的準備工作。包括盤算我們的購屋預算，我們可以參考前面介紹的可購屋總價的預估算法，除了購屋款之外，我們還要考慮購屋過程中需要的稅費，以及進駐前後房屋裝修款，一般大約預估房價的5%到15%左右。現在房子委託給仲介處理已經非常普遍，一般購屋者上網或從書報雜誌看到的廣告幾乎都是房屋仲介業者委託刊登的。筆者建議除非自己對過戶流程非常了解且剛好賣方是自己熟識的對象，建議不要跳過仲介自行處理，如此將面臨許多不知的風險，如產權不清、房屋瑕疵、或是過程談判中的糾紛難予排解等等。房仲系統有兩種，一是以直營店為主，例如信義、永慶等。另外是加盟店為主，例如住商、大平洋、中信、東森、ERA、台灣等等。不論是直營或是加盟都受到政府的監管，購屋者可以先搜集一些資訊。另外若有需貸款者，也可以自己或是拜訪仲介協助搜集（某些仲介公司與銀行簽約，客戶可以用團體名義議價），此外地政士也可以提供一些貸款及地產法令上的協助。若我們是以購買預售屋為主，則可以注意報紙、雜誌、建商的海報，或是電視台等專業地產節目。因為預售屋有一段交屋期，購屋款項常是分期給付，可能在定金、簽約金上占總金額低，接著開工款及一期一期的工程款（例如大樓每施工一層繳交一次工程款），若是工程期拉長，感覺每期金額不是很高，會讓自己以為付款壓力不

大。有些建商會設計定金及簽約金低價策略，或是標榜工程期零付款，等到完工後開始申請貸款，貸款額壓力頓時變大。

步驟二：看屋策略制定

　　若是我們要的標的是中古屋或新成屋，最好告之仲介我們的預算及需求，可以節省時間且有效率進行看屋。仲介通知帶看時，請記得請他們攜帶產權調查表及不動產現況說明書，以便查看並與現場對照。仲介可以找多家協助，不了解的地方隨時提問並記錄。等到看到一定數量，終於看到自己心動的房子之後。記得要求複看，甚至早中晚、晴陰雨再查看屋況及附近環境。最好有幾次不通知仲介，自己或與親友再到現場，可以查問警衛或鄰居一些狀況，保證可能得到更多真實資訊。預售屋因為能看到的只是精美樣品屋，感覺上會立刻喜歡，但要保持冷靜。有一個查證，也是很重要的動作，那是要確認基地真實位置。有些展場與實際位置有一段距離，實際位置可能更往不佳的位置偏離，這點不可不注意。

步驟三：決定標的與談價

　　房子與股票基金不同，沒有集中交易市場，定價也非鐵板一塊，尤其若是處在買方市場時期，就更可以跟對方談價。若談到某價格買方願意但賣方有疑慮時，仲介市場有要約或斡旋的機制，這是表達買方有意承購，並表示願意出價的誠意，若經賣方同意後買方承諾不得反悔，否則會被沒收斡旋金等處罰，以此加速交易過程。

步驟四：辦理過戶及點交手續（如表10-4，以下各步驟以成屋為例）

不動產過戶稅費說明表（表10-4）

各項流程	價金付款（可協商）	買方負擔稅費	賣方負擔稅費
要約斡旋	斡旋金（可協議）		
付定金	總價10%（含斡旋金）		
簽約	總價10%	簽約費各半	簽約費各半
用印	總價20%		
報稅	總價40%	契稅	土地增值稅
過戶	總價10%	登記規費、印花稅	
點交	總價10%	分算費用（房屋稅、地價稅，水電瓦斯、電話通訊費、管理費……等）、代書費、仲介費、履約保證費一半金額	分算費用（房屋稅、地價稅，水電瓦斯、電話通訊費、管理費……等）、仲介費、履約保證費一半金額

備註：簽約費各自付約1千元、登記規費及印花稅為契價千分之一、代書費含申報實價登錄約1.5萬元、仲介費最高為總價6%（一般買方2%，賣方4%）、履約保證費為總價萬方之五到八左右，雙方各半負擔。（稅捐規定稍後介紹）

步驟五：辦理貸款或代償手續

有些時候買方需要貸款，或是賣方需要買方價款代償賣方之原貸款等，因此需要在過戶前完成對保或轉代償的預先手續，通常等到辦理過戶送件時一併辦新抵押權設定（買方需貸款時），然後撥款或代償。建議買方應主動要求履約保證，履約保證制度，是由履約保證公司負擔買賣價金履約保證的責任，因為賣方

必需完成過戶、點交等手續等完成，賣方才能從履約保證公司拿到價金，所以可以完全保護買方的付款交易的風險。

步驟六：**房屋裝修**

有些房屋狀況會有些問題，例如有漏水、污損等等，在第一時間需主張賣方需負擔責任，並在合約註明處理方式，請賣方依限期排除或折抵價金。有時是買方想更動裝潢，如在此狀況可與對方商議借屋裝修，以便可以節約時間，避免延後搬入時間。

步驟七：**搬家進駐**

某些仲介公司與大型或信譽良好並長期配合的搬家公司有合作約，有些業者還有搬家金優惠給客戶，可以多詢問。

步驟八：**遷入戶口，辦妥自用住宅優惠稅率**

若是符合自用住宅的規定，可依有關規定，辦理遷入戶口並辦妥自用住宅優惠稅率及自住房申報手續。

十一、換屋規劃

已經在一個地方居住一定時間，有時候會因個人工作地點變動、提供小孩明星學區、退休後搬離市區遷至郊區、或思享受清淨山林或溪邊的幽靜住宅等等因素而有換屋的需求，有些時候是因為家庭人口增加，需要更大的居住坪數。若是增加坪數或進入高單價地段的狀況，當然需要更多的資金支應，所以需要規劃更多的自備款，或是負擔更多的貸款，規劃需求者必定要事先做資金的安排。另外一種，可能是退休人士想歸隱山林，賣掉高價的市區房子，換成價格較低的住房，因此可能剩餘一筆資金，同樣要好好將資金做妥善應用。至於換屋的順序可能先把房子賣掉處

理完畢後，再重新買入新居。這種情況可能要事先規劃一下，中間的空檔期要暫住何處的問題？相反的，先買入新房後再處理舊房，中間有資金支應的時間差，要如何處理？是已經有了預備金來源或是要短期融資？或是同時委買及委賣，看看買賣哪一方先成交，再做後續因應。前面已經有了購屋的例子，我們就以先完成買屋後再賣屋為例子，買入的過程我們可以參照前面步驟，現在來探討賣屋的步驟：

步驟一：賣屋前的準備

　　假設我們換屋的目標是換面積更大或單價更高的產品，將使得總價變高時。若買屋時需要資金順利貸款了，也因為已經有了安置的地方，我們就比較有充裕的時間來規劃賣屋。因為順利賣出舊屋後，會產生一筆現金流入，這些資金如何應用，需事先規劃一下。

步驟二：決定自售或委託仲介

　　當我們是買方時，除非是相當機緣，才建議可以跳過仲介直接接觸到賣方。而當我們是賣方時就有比較多的機會決定自售或委託仲介。還是老話一句，如是自己不是個中老手，建議還是透過仲介處理。當我們要委託仲介處理時，第一個要碰到的問題是如何委託的方式？**仲介委託有一般委託**，所謂一般委託是我們可以在同一時段中，找好幾家仲介一起賣，好處是管道多一點，仲介要各憑本事，誰幫我成交就可拿到佣金。壞處是某些仲介可能認為，最後成交若不是我的話，不等於做白工了嗎？**另外一種是專任約**，同一時段只能委託一家。好處是仲介可能會認真點，壞處是銷售管道就變少了。值得注意是有些委託約，會有仲介帶來的客戶是在委任約期滿後一定期間內才成交的，還是要把功勞還

給仲介的條款，因此我們也需支付佣金，這種狀況就看自己可否接受，或是另行協商處理。

步驟三：決定委售價格及管理仲介

委託仲介後，要有一個準備，仲介有可能向自己「拉價」，意思就是希望我們有降價的空間。其實做為一個賣方業主，我們就是仲介的老板。我們可以要求仲介幫我們上廣告，可以不定期詢問仲介處理進度，但另方面也需以關心的態度，詢問仲介在委託售物件所碰到的問題，希望業主可以協助他們的地方，或給他們一些實質的鼓勵，如此可加速成交時間。

步驟四：簽定買賣合約

步驟五：辦理過戶及點交手續（同前面流程，只是買賣角色對換）

步驟六：正式交屋取回價款（假設簽有履約保證合約時）

十二、不動產的稅捐規定

不動產的稅捐主要分持有時間的稅負，如田賦、地價稅及房屋稅等。以及不動產移轉時的稅負，如土地增值稅及其退稅規定、契稅、所得稅退稅、奢侈稅及其他稅費等。

1. **田賦的規定**：依照土地稅法第14條規定：「已規定地價之土地，除依第二十二條規定課徵田賦者外，應課徵地價稅」。而又依同法第22條第1款規定：「非都市土地依法編定之農業用地或未規定地價者，徵收田賦。但都市土地合於左列規定者亦同：

   (1) 依都市計畫編為農業區及保護區，限作農業用地使用

　　　　者。

(2) 公共設施尚未完竣前，仍作農業用地使用者。

(3) 依法限制建築，仍作農業用地使用者。

(4) 依法不能建築，仍作農業用地使用者。

(5) 依都市計畫編為公共設施保留地，仍作農業用地使用者」。

　　但自民國76年已停徵田賦，所以我們不再做有關說明。

2. 地價稅的規定：

A. 累進起點地價：

土地稅法實施細則第6條規定「累進起點地價」的算法規定如下（表10-5）：

累進起點地價計算方式表（表10-5）

本法第十六條第二項所規定之累進起點地價，其計算公式如附件二：

前項累進起點地價，應於舉辦規定地價或重新規定地價後當年（期）地價稅開徵前計算完竣，並分別報請財政部及內政部備查。

累進起點地價以千元為單位，以下四捨五入。

附件二　地價稅累進起點地價之計算公式

（土地稅法施行細則第六條附件）

地價稅累進起點地價＝〔直轄市或縣（市）規定地價總額 －〔工業用地地價＋礦業用地地價＋農業用地地價＋免稅地地價）〕÷ ｛直轄市或縣（市）規定地價總面積（公畝）－〔工業用地面積＋礦業用地面積＋農業用地面積＋免稅地面積（公畝）〕｝×7

　　累進起點地價簡單的說，就是同一直轄市或縣市為計算單位，扣除工業用地、礦業用地、農業用地及免稅地後，平均7公畝面積的地價金額。

B. 一般地價稅有基本稅率及累計稅率之別：

依照土地稅法第16條規定：

「地價稅基本稅率爲千分之十。土地所有權人之地價總額未超過土地所在地直轄市或縣（市）累進起點地價者，其地價稅按基本稅率徵收；超過累進起點地價者，依左列規定累進課徵：

一、超過累進起點地價未達五倍者，就其超過部分課徵千分之十五。

二、超過累進起點地價五倍至十倍者，就其超過部分課徵千分之二十五。

三、超過累進起點地價十倍至十五倍者，就其超過部分課徵千分之三十五。

四、超過累進起點地價十五倍至二十倍者，就其超過部分課徵千分之四十五。

五、超過累進起點地價二十倍以上者，就其超過部分課徵千分之五十五。

又依土地稅法實施細則第5條規定，稅率計算方式如下（表10-6）：

地價稅之計算公式（土地稅法施行細則第5條附件）（表10-6）

稅級別	計算公式
第一級	應徵稅額 ＝ 課稅地價（未超過累進起點地價者）×稅率（10‰）
第二級	應徵稅額 ＝ 課稅地價（超過累進起點地價未達五倍者）×稅率（15‰）－累進差額（累進起點地價×0.005）
第三級	應徵稅額 ＝ 課稅地價（超過累進起點地價五倍至十倍者）×稅率（25‰）－累進差額（累進起點地價×0.065）

第四級	應徵稅額＝課稅地價（超過累進起點地價十倍至十五倍者）×稅率（35‰）－累進差額（累進起點地價×0.175）
第五級	應徵稅額＝課稅地價（超過累進起點地價十五倍至二十倍者）×稅率（45‰）－累進差額（累進起點地價×0.335）
第六級	應徵稅額＝課稅地價（超過累進起點地價二十倍以上者）×稅率（55‰）－累進差額（累進起點地價×0.545）

備註：同一土地所有權人在同一直轄市、縣市的土地要做總歸戶累計。

例如某君在桃園市的土地應計入累計的地價，已超過該地區累進起點地價達6倍，則其在桃園的地價稅適用第三級規定。其在台南市也有土地但應計入累計總價未達累進起點地價，則在該地區地價稅適用第一級規定。

C. 自用住宅的地價稅優惠規定：符合規定不但降低稅率至千分之二且不計入累進額。

依照土地稅法第17條有關自用住宅規定：「合於左列規定之自用住宅用地，其地價稅按千分之二計徵：

一、都市土地面積未超過三公畝部分。

二、非都市土地面積未超過七公畝部分。」

有關自用住宅地價稅與自用住宅增值稅的規定不盡相同，也是一般人容易誤解的部分，要符合自用住宅地價稅規定，需查對以下各點：

第一：**設籍要件。**所有權人或配偶，直系親屬（含直系血親及姻親）於該地辦竣戶籍登記，例如女婿的房子只由丈母娘設籍是合於規定的。

第二：**無出租或供營業用。**自用以所有權人或配偶，直系親屬自行使用為限。若有出租予他人的情況則非「自用」。出租的認定若有以下情況即會被認為出租：「有所有權人或配偶，直系親屬、三親等親屬以外的他人設籍，或依所得稅內有該屋的

租賃的資料。但前者雖有他人設籍，經申請確認無出租事實，得認定無出租」。是否有營業情況之認定，則依營業稅或房屋稅查得資料做依據。

第三：**面積之限制。依照規定適用自用住宅優惠地價稅有面積限制，都市地區面積未超過3公畝（約90.75坪）部分、非都市地區面積未超過7公畝（約211.75坪）部分。**

同一所有權人若在都市地區及非都市地區都有土地，則可分別適用前項規定，例如在台北市都市地區土地未超過3公畝，另在雲林有非都市土地未超過7公畝，則此兩地都可合乎優惠規定。**但若某甲有多筆土地都符合自用住宅地價稅優惠規定，但面積已超過限制面積時該如何處理？**若此，就有些土地可能無法享受優惠，因此我們必需要在各土地中做適用順位排序，其排序方式有兩種，**第一種方式是自行選擇順序，這時當然要把地價高的土地擺在高順位，才符合節稅的原則。**如不選擇的話，一個人雖可以有多筆房屋，但終究只能在一個地方設籍，其他地方自然用不同親友名義設籍。稅捐機關會幫我們依土地稅法實施細則第9條規定，依下列原擇排序：「土地所有權人在本法施行區域內申請之自用住宅用地面積超過本法第十七條第一項規定時，應依土地所有權人擇定之適用順序計算至該規定之面積限制為止；土地所有權人未擇定者，其適用順序如下：

一、土地所有權人與其配偶及未成年之受扶養親

屬之戶籍所在地。

二、直系血親尊親屬之戶籍所在地。

三、直系血親卑親屬之戶籍所在地。

四、直系姻親之戶籍所在地。

前項第二款至第四款之適用順序，依長幼次序定之。」

第四：**處數之限制。土地所有權人、配偶及受扶養未成年子女只限一處**，而土地所有人及其直系尊親屬或已成年直系親屬則無只限一處之限制。前段的認定概念是認為本人、配偶及受扶養未成年子女應該是同居一戶，若是本人、配偶或是受扶養未成年子女各分別在不同地方設籍是不合道理的。所以假設某甲有五筆自用住宅土地，其中三筆各以本人、配偶及未成年子女分別設籍，其他兩地為本人父親及母親設籍。因為規定土地所有權人、配偶及受扶養未成年子女只限一處，等於某甲所有的三筆土地中有兩筆不能享受優惠（假設某甲的配偶及未成年子女無其他房地產權），也就是在設立戶籍時，把本人、配偶及未成年人的戶籍設在地價最高且同一戶籍，其他戶籍可由成年子女或直系尊親屬等遷入。否則所有權人只能在此三處中共同擇定一處戶籍享受優惠，或是不自己擇定時，稅捐機關將依土地稅法實施細則第8條規定處理：

「土地所有權人在本法施行區域內申請超過一處之自用住宅用地時，依本法第十七條第三項認定

一處適用自用住宅用地稅率，以土地所有權人擇定之戶籍所在地為準；土地所有權人未擇定者，其適用順序如下：

一、土地所有權人之戶籍所在地。

二、配偶之戶籍所在地。

三、未成年受扶養親屬之戶籍所在地。

土地所有權人與其配偶或未成年之受扶養親屬分別以所有土地申請自用住宅用地者，應以共同擇定之戶籍所在地為準；未擇定者，應以土地所有權人與其配偶、未成年之受扶養親屬申請當年度之自用住宅用地地價稅最高者為準。

第一項第三款戶籍所在地之適用順序，依長幼次序定之。」

第五：**土地上需有合於規定的建物**。要設戶籍必然要有建物存在，才可能有門牌設籍。且依土地稅法實施細則第4條規定：「本法第九條之自用住宅用地，以其土地上之建築改良物屬土地所有權人或其配偶、直系親屬所有者為限」。

第六：**需所有人自動申請，稅捐機關不主動核定**。所以買入新的住宅用地後，必需記得申請，以免讓自己的權利睡著了。

D. **一般家庭可能遇到的地價稅減免稅規定的狀況：**

第一種狀況：**每年（期）地價稅，每戶稅額在新台幣一百元以下者，免予課徵。**（土地稅法實施細則第3條）

第二者狀況：都市計畫公共設施保留地，在保留期間仍

為建築使用者，除自用住宅用地依第17條
之規定外，統按千分之六計徵地價稅；其
**未作任何使用並與使用中之土地隔離者，
免徵地價稅。**（土地稅法第19條）

第三種狀況：依土地稅減免規則第10條，供公共通行之
騎樓走廊地，無建築改良物者，應免徵地
價稅，有建築改良物者，依左列規定減徵
地價稅。

一、地上有建築改良物一層者，減徵二分
之一。

二、地上有建築改良物二層者，減徵三分
之一。

三、地上有建築改良物三層者，減徵四分
之一。

四、地上有建築改良物四層以上者，減徵
五分之一。

第四種狀況：區段徵收或重劃地區內土地，於辦理期間
致無法耕作或不能為原來之使用而無收益
者，其地價稅或田賦全免；辦理完成後，
自完成之日起其地價稅或田賦減半徵收二
年。（土地稅減免規則第17條）

3. 房屋稅的規定

房屋稅稅基及稅率在民國103年7月的徵收有重大變革，以台
北市為例，稅基方面有四個重點：（一）民國103/7/1日起新
屋構造標準單價調整，普遍單價提高致拉高稅基。（二）高
級住宅按「戶」認定，按「戶」不是按「棟」來認定高級住

宅。有時集合住宅內有面積大小不一的現象，例如小面積總價不高，難被以8,000萬總價以上列入高級住宅，所以目前以「戶」認定，相同大樓不一定都會全部認定。被認定「高級住宅」的話，是以路段率加成處理。（三）調高部分地區路段價，所以該區段各種房屋現值都會提高。（四）調高別墅之加價率。至於稅率改革，則採差別稅率處理，並限縮全國只有三戶（含）內的自住住家用適用1.2%稅率。超過部分被認為其他住家用，依不同戶數別，依2.4%或3.6%為其稅率。除此之外，私人醫院、診所、事務所的稅率也上調為3%（以上稅率以台北市為例）。目前房屋稅條例規定，可允許地方政府在合於規定的區間，制定各別的稅率，茲舉台北市的規定為例來做對比。

A. 房屋稅條例規定的稅率：

房屋稅依房屋現值，按下列稅率課徵之：

一、住家用房屋：供自住或公益出租人出租使用者，為其房屋現值百分之一點二；其他供住家用者，最低不得少於其房屋現值百分之一點五，最高不得超過百分之三點六。**各地方政府得視所有權人持有房屋戶數訂定差別稅率。**

二、非住家用房屋：供營業、私人醫院、診所或自由職業事務所使用者，最低不得少於其房屋現值百分之三，最高不得超過百分之五；供人民團體等非營業使用者，最低不得少於其房屋現值百分之一點五，最高不得超過百分之二點五。

三、房屋同時作住家及非住家用者，應以實際使用面積，分別按住家用或非住家用稅率，課徵房屋稅。但非住家用者，課稅面積最低不得少於全部面積六分之一。

前項第一款供自住及公益出租人出租使用之認定標準，由財政部定之。

（**房屋稅條例第5條**）

B. 台北市房屋稅率規定：

台北市房屋稅率比較表（表10-7）

項目		法定稅率		台北市稅率（103年7月1日起適用）
		最低	最高	
住家	自住使用	1.2%		**1.2%（稅率維持但全國三戶內）**
	公益出租	1.2%		**不限戶數**
	其他住家	1.5%	3.6%	**1. 持有本市非自住2戶以下每戶均按2.4%** **2. 持有本市非自住3戶以上每戶均按3.6%** **3. 公有房屋1.5%**
非住家	營業	3%	5%	**3%**
	私人醫院、診所、事務所使用	3%	5%	**3%（修正前2%）**
	人民團體及其他性質可認定為非供營業用	1.5%	2.5%	**2%（維持）**

1. 停車場或防空避難室違規使用：供住家用（3.6%）、供營業用（5%）、私人醫院、診所、事務所使用（5%）、供非住非營使用（2.5%）
2. 房屋同時作住家及非住家用者，應以實際使用面積，分別按住家用或非住家用稅率，課徵房屋稅。但非住家用者，課稅面積最低不得少於全部面積六分之一。
3. 房屋空置不為使用者，應按其現值依據使用執照所載用途或都市計畫分區使用範圍認定，分別以非自住之其他住家用房屋或非住家用房屋稅率課徵。

（以上資料來源為台北市稅捐稽徵處）

C. 房屋稅計算方式

(1)房屋稅額＝房屋現值×稅率
(2)房屋現值＝核定單價×（1－折舊年數×折舊率）×房屋街路等級
　　　　　　調整率×房屋面積
(3)核定單價＝房屋構造標準單價×[1 ± 各項加減項之加減率±樓層高
　　　　　　度之超高（偏低）率]

為了解說，我們稍為簡化一些因素說明：
（**基準組**）假設一般房屋構造標準單價為100（暫不考慮加減率），面積及折舊忽略，房屋街路等級調整率為100%。
因此核定單價＝100[無加減率＝100×(1＋0%)]
房屋現值＝100×（1－折舊年數×折舊率）×房屋街路等級調整率×
　　　　　房屋面積
　　　　＝100×（1－折舊年數×折舊率）×100%×房屋面積

（**比較組一**）除了民國103/7/1日新建房外，其他條件與前面基準組都相同。
核定單價＝200（假設標準單價提高）
房屋現值＝200×（1－折舊年數×折舊率）×房屋街路等級調整率×
　　　　　房屋面積
　　　　＝200×（1－折舊年數×折舊率）×100%×房屋面積
結論：**稅基多加1倍**

（**比較組二**）除被認定為高級住宅外，其他條件與前面基準組都相同。
核定單價＝[100×(1＋100%)]＝200（單價路段率加調整為200）
房屋現值＝200×（1－折舊年數×折舊率）×房屋街路等級調整率×
　　　　　房屋面積
　　　　＝200×（1－折舊年數×折舊率）×100%×房屋面積
結論：**稅基多加1倍**

（**比較組三**）除座落區位路段率被調高為150%之外，其他條件與前面基準組都相同。
核定單價＝100
房屋現值＝100×（1－折舊年數×折舊率）×房屋街路等級調整率×
　　　　　房屋面積
　　　　＝100×（1－折舊年數×折舊率）×150%×房屋面積
結論：**稅基多加0.5倍**

（比較組四）除是別墅使用被加價外，其他條件與前面基準組都相同。

核定單價 = 300（別墅使用，目前有標準單價加價150%或200%，假設加200%）

房屋現值 = 300×（1－折舊年數×折舊率）×房屋街路等級調整率×房屋面積

= 300×（1－折舊年數×折舊率）×100%×房屋面積

結論：稅基多加2倍

（比較組五）除是103/7/1日後新蓋高級住宅外，其他條件與前面基準組都相同。

核定單價 = [200×（1＋100%）] = 400（標準單價提高並且路段率加成）

房屋現值 = 400×（1－折舊年數×折舊率）×房屋街路等級調整率×房屋面積

= 400×（1－折舊年數×折舊率）×100%×房屋面積

結論：稅基多加3倍

D. 多屋族囤房稅的實施：新修定的房屋稅第5條第1款允許地方政府得視所有權人持有房屋戶數訂定差別稅率。以台北市為例，自住使用住家定義「為本人、配偶及未成年子女所擁有所有權的住家用戶數在三戶內適用1.2%稅率」。例如某人在全國範圍內的住房都在在台北市，若此同一所有權人有三戶住宅內（含三戶），稅率都各為1.2%，若超過額度達2戶，即第4、5戶用2.4%稅率，若超過達3戶（含），例如第4、5及6戶都用3.6%。此外對於非自住謊報自住、有租賃情況、老屋增改建及新屋使用情形也是調查重點。

E. 台北市的豪宅加重房屋稅政策：所謂豪宅稅就是「高級住宅加價課徵房屋稅」，並非新的稅種，其實就是在房屋現值做因應，房屋稅是以房屋現值為稅基，乘以按實際使用情形所適用的稅率核課，茲說明如下：

一、房屋稅額計算公式：（同前）

(1)房屋稅額 = 房屋現值×稅率

(2)房屋現值 = 核定單價×（1 – 折舊年數×折舊率）×房屋街路等級調整率×房屋面積

(3)核定單價 = 房屋構造標準單價×〔1±各項加減項之加減率±樓層高度之超高（偏低）率〕

(4)在2014年7月1日之後才完工，將使用更高的調整後房屋標準單價及更高的調整後路段率

試算條件：自用一般房屋RC造、總層數12層，面積300平方公尺、路段率由200%調升為210%，使用執照所載用途為住宅，適用房屋構造標準單價為每平方公尺5,080元。

狀況一：2014年7月1日前完工（路段率加成）

5,080×(1 + 200%)×300×200% = 914.4萬（暫未計入折舊）

914.4萬×1.2% = 10.9278萬（房屋稅額）

狀況二：2014年7月1日後完工（路段率加成及標準單價提高）

5,080×2.6（標準單價調高幅度）×(1 + 210%)×300×210% = 2,579.5224萬（暫未計入折舊）

2,579.5224（房屋現值）×1.2% = 30.9543萬

若此戶是持有3戶以上且適用稅率為3.6%，稅額如下：

2,579.5224（房屋現值）×3.6% = 92.8628萬（房屋稅額）

二、依「臺北市房屋標準價格及房屋現值評定作業要點」第15條，認定高住宅的標準：

房屋為鋼筋混凝土以上構造等級，用途為住宅，**經按「戶」認定房地總價在8,000萬元以上**，且建物所有權登記總面積達80坪以上或每坪單價100萬元（不含車位價）以上者，酌參下列特徵，認定為高級住宅。

（一）獨棟建築（二）外觀豪華（三）地段絕佳（四）景觀甚好
（五）每層戶少（六）戶戶車位（七）保全嚴密（八）管理週全

依前項認定為高級住宅者，其房屋構造標準單價按該棟「**房屋坐落地點之街路等級調整率加成核計**」。

第一項之價格，依市場行情定之；如查無市場行情者，得參考相同路段或臨近區域之高級住宅市場行情。

第一項認定標準，除已依第十四點規定加成課徵之房屋外，自103年7月1日起實施。

（資料來源為北市稅捐處）

F. 多屋毗鄰的節稅空間：由於自住住家全國適用1.2%只允許三戶。若是所有權人有毗鄰房屋，分屬不同建號。若依地籍測量實施規則第290條規定，辦理建物合併爲1個建號，可獨立使用及移轉，即可申請合併房屋稅籍，認定爲一戶，如此即降低戶數之計算。

4. **土地增值稅的規定**

當土地所有權移轉時，要課徵土地增值稅，一般住房時當然是土地及建物所有權一同移轉。除此之外，當我們設立典權、與他人的土地進行分割或合併前後價值不同，價值減少的一方需課徵土地增值稅。茲將土地增值稅重要的規定說明：

A. 誰應該負責繳納土地增值稅

當發生應繳納增值稅時，法令上必需確認納稅義務人，一般依照土地稅法第5條規定，其納稅義務人的規定如下：

一、土地爲有償移轉者，爲原所有權人。（指買賣、交換、政府照價收買或徵收）

二、土地爲無償移轉者，爲取得所有權之人。（指遺贈及贈與等方式之移轉）

三、土地設定典權者，爲出典人。

B. 土地增值稅核定時需了解的幾個項目

土地移轉現值：依照土地稅法第49條規定：

「土地所有權移轉或設定典權時，權利人及義務人應於訂定契約之日起三十日內，檢附契約影本及有關文件，共同向主管稽徵機關申報其土地移轉現值。但依規定得由權利人單獨申請登記者，權利人得單獨申報其移轉現

值」。一般如期在簽定契約30內申報時，就以簽約日當期公告現值爲準，但如逾期申報時，以申報日當期的公告現值。目前公告現值是每年1月1日發布，一些精華地區可能每期有大幅度調整，例如在12月30日簽約，若在隔年1月申報仍用去年公告現值，若在2月才申報將以隔年的公告現值爲標準。

原地價：若土地從未移轉過時爲原規定地價，有移轉過時爲當時申報的土地移轉現值。

物價指數：前條之原規定地價及前次移轉時核計土地增值稅之現值，遇一般物價有變動時，應按政府發布之物價指數調整後，再計算其土地漲價總數額。

土地改良費用：如土地施予費用增加利用價值、繳交工程受益費、參與土地重劃負擔的費用及因土地使用變更（更具價值）而捐贈出的土地之公告現值總額。

土地增值稅稅率：依漲價倍數採用累進稅率，分20%、30%及40%等三級。

土地漲價倍數：漲價倍數＝（土地漲價總數額）／（經物價調整後之原地價），如原地價爲100，物價指數120%，移轉時公告現值300。則其漲價倍數爲：土地漲價總數額＝300－100×120%＝180，（經物價調整後之原地價＝100×120%＝120），漲價倍數爲180/120＝1.5倍，因此漲價超過1倍以上未達2倍適用第二級。

　　　長期持有的減徵：「持有土地年限超過二十年以上者，
　　　　　　　　　　　就其土地增值稅超過第一項最低稅率
　　　　　　　　　　　部分減徵百分之二十」。
　　　　　　　　　　　「持有土地年限超過三十年以上者，
　　　　　　　　　　　就其土地增值稅超過第一項最低稅率
　　　　　　　　　　　部分減徵百分之三十」。
　　　　　　　　　　　「持有土地年限超過四十年以上者，
　　　　　　　　　　　就其土地增值稅超過第一項最低稅率
　　　　　　　　　　　部分減徵百分之四十」。

C. 土地增值稅的計算公式表（表10-8）及稅率速算公式表
　（表10-9）

土地增值稅的計算公式表（表10-8）

稅級別	計算公式
第一級	應徵稅額＝土地漲價總數額【超過原規定地價或前次移轉時申報現值（按台灣地區消費者物價總指數調整後）未達百分之一百者】×稅率（20%）
第二級	應徵稅額＝土地漲價總數額【超過原規定地價或前次移轉時申報現值（按台灣地區消費者物價總指數調整後）在百分之一百以上未達百分之二百者】×【稅率（30%）－[(30%－20%)×減徵率]】－累近差額（按台灣地區消費者物價總指數調整後之原規定地價或前次移轉時申報現值×A） 註：持有土地年限未超過20年者，無減徵，A為0.1 　　持有土地年限超過20年以上者，減徵率為20%，A為0.08 　　持有土地年限超過30年以上者，減徵率為30%，A為0.07 　　持有土地年限超過40年以上者，減徵率為40%，A為0.06
第三級	應徵稅額＝土地漲價總數額【超過原規定地價或前次移轉時申報現值（按台灣地區消費者物價總指數調整後）在百分之二百以上者】×【稅率（40%）－[(40%－20%)×減徵率]】－累近差額（按台灣地區消費者物價總指數調整後之原規定地價或前次移轉時申報現值×B）

> 註：持有土地年限未超過20年者，無減徵，B為0.3
> 　　持有土地年限超過20年以上者，減徵率為20%，B為0.24
> 　　持有土地年限超過30年以上者，減徵率為30%，B為0.21
> 　　持有土地年限超過40年以上者，減徵率為40%，B為0.18

（資料來源：財政部）

稅率速算公式表（表10-9）

持有年限 稅級別	20年以下	20年以上	30年以上	40年以上
第1級	a×20%	a×20%	a×20%	a×20%
第2級	a×30%－ b×10%	a×28%－ b×8%	a×27%－ b×7%	a×26%－ b×6%
第3級	a×40%－ b×30%	a×36%－ b×24%	a×34%－ b×21%	a×32%－ b×18%
備註：a：土地漲價總數額b：原規定地價或前次移轉現值總額（按物價指數調整後之總額）				

（資料來源：財政部）

D. 自用住宅用地優惠增值稅：自用住宅應徵稅額 = 土地漲價總額×10%。但有其適用條件需符合，說明如下：

第一、設立戶籍條件。本人、配偶及直系親屬辦妥戶籍登記，需設籍多久才算未規定，解釋在簽定買賣契約前即可。但所有權人為騰空房地待售或待拍賣，致在契約日或拍定日，戶籍已不在時，為顧及此困難，規定遷出後，無供出租或營業用，其遷出日與出售日未滿一年內，仍準用自用住宅增值稅率。（財政部72.8.17台財稅字35797號函）。

第二、出售前一年內未供營業或出租。

第三、面積之限制。都市土地未超過3公畝或非都市土地

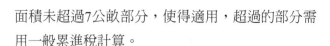

面積未超過7公畝部分,使得適用,超過的部分需用一般累進稅計算。

第四、**地上需有建物,且建物價值應達一定標準。**為避免達到省稅,任意簡陋搭蓋算數,規定建物評定現值未達所占基地土地公告現值10%以上,不得適用。

第五、**次數限制。**依土地稅法第34條規定,土地所有權人,依第一項規定稅率繳納土地增值稅者(即自用住宅優惠稅率),以一次為限。

土地所有權人適用前項規定後,再出售其自用住宅用地,符合下列各款規定者,不受前項一次之限制:

「一、出售都市土地面積未超過一‧五公畝部分或非都市土地面積未超過三‧五公畝部分。

二、出售時土地所有權人與其配偶及未成年子女,無該自用住宅以外之房屋。

三、出售前持有該土地六年以上。

四、土地所有權人或其配偶、未成年子女於土地出售前,在該地設有戶籍且持有該自用住宅連續滿六年。

五、出售前五年內,無供營業使用或出租。」

第六、**需為出售才適用。**

E. 其他一般民眾常見減免規定

第一、**減徵情況。**如經重劃後土地第一次移轉減徵40%、區段徵收領回抵價地,於該抵價地第一次移轉減

徵40%的規定及前已介紹之長期持有減徵的規定。

第二、免徵土地增值稅情況：

*如因繼承移轉的土地。

*私人捐贈合於規定之社會福利事業或私立學校土地。

*被徵收的土地。

*作農業使用之農業用地，移轉與自然人時，得申請不課徵土地增值稅。

*配偶相互贈與之土地，得申請不課徵土地增值稅。

*依都市計畫法指定之公共設施保留地尚未被徵收前之移轉，免徵土地增值稅。

*信託土地於左列各款信託關係人間移轉所有權，不課徵土地增值稅：

「一、因信託行為成立，委託人與受託人間。

　二、信託關係存續中受託人變更時，原受託人與新受託人間。

　三、信託契約明定信託財產之受益人為委託人者，信託關係消滅時，受託人與受益人間。

　四、因遺囑成立之信託，於信託關係消滅時，受託人與受益人間。

　五、因信託行為不成立、無效、解除或撤銷，委託人與受託人間。」

*土地增值稅額在新台幣100元以下者免予課徵。

因為稅法有許多交疊互相影響，政府也時有出具

解釋函令提出不同見解，建議我們在應用節稅規
定時，除非十足把握，否則建議洽詢專家或稅捐
單位。

F. 自用住宅重購退還土地增值稅之規定：

適用要件：
1. 自用住宅土地出售與重購土地的時間相距需在兩年之內，不論先買後賣或先賣後買都可以。
2. 需新購土地地價超過原出售土地地價，扣除繳納土地增值稅後之餘額。
3. 自用住宅用地出售，重購土地仍需作自用住宅用地，且面積符合都市土地未超過3公畝，非都市面積未超過7公畝的部分才適用。

可退稅額計算
1. 計算可退稅額的地價，均以課徵土地增值稅或契稅之地價為準。
2. 可退稅額舉例如下表（表10-10）：

自用住宅重購退稅試算表（表10-10）

原出售地價 A	原繳增值稅 B	餘額 A−B=C	重購土地價 D	不足額 D−C=E	可退稅額 E不大於B
200萬	70萬	130萬	300萬	170萬	70萬
200萬	70萬	130萬	180萬	50萬	50萬
200萬	70萬	130萬	100萬	無	無

5. 契稅及其他稅費的規定
契稅課徵對象及時機
依照契稅條例第2條規定：「不動產買賣、承典、交換、贈與、分割或占有而取得所有權者，應申報繳納契稅。但在開徵土地增值稅區域之土地，免徵契稅」。一般不動產過戶以

公契為主，其契價通常為土地現值及房屋現值之合。

A. **契稅納稅義務人規定：買賣契稅為買受人、典權契稅為典權人、交換契稅為交換人、贈與契稅為受贈人**、分割契稅為分割人、占有契稅為占有人。

B. 各不同契稅的稅率：**買賣、贈與及占有契稅為契價6%、典權契稅為契價4%、交換與分割契稅為契價2%。**

C. 印花稅及登記規費：**不動產移轉時以土地及建物契價千分之一繳納。**

6. **財產交易所得稅的規定**

個人在出售住宅時需在綜合所得稅申報財產交易所得，目前政府規劃將提出房地合一稅，主要將土地及房屋交易所得稅一併處理。在房地合一稅未正式開徵前，綜所稅只對房屋交易所得課個人綜所稅。

A. 財產交易所得額的認定

依所得稅法施行細則第17條之2第1項規定，個人出售房屋，**如能提出交易時之成交價額及成本費用之證明文件者**，其財產交易所得之計算，依法**核實認定**；其未申報**或未能提出證明文件者**，稽徵機關得依該部核定**標準核定之。（所以有核實認定與標準核定兩種）**

B. 「103年度個人出售房屋之財產交易所得計算規定」之重點：

個人出售房屋，未核實申報房屋交易所得、未提供交易時之實際成交金額或原始取得成本，或稽徵機關未查得交易時之實際成交金額或原始取得成本者，稽徵機關應按下列標準計算其所得額：
一、稽徵機關僅查得或納稅義務人僅提供交易時之實際成交金額，而無法證明原始取得成本，如符合下列情形之一者，應以查得之實際房地總

成交金額，按出售時之房屋評定現值占公告土地現值及房屋評定現值總額之比例計算歸屬房屋之收入，再以該收入之15%計算其出售房屋之所得額：

（一）臺北市，房地總成交金額新臺幣（以下同）7千萬元以上。
（二）新北市，房地總成交金額6千萬元以上。
（三）臺北市及新北市以外地區，房地總成交金額4千萬元以上。

二、除前述規定情形外，按房屋評定現值之一定比例（即部定所得額比率）計算其所得額。

財政部說明，上開以房屋收入之15%計算房屋交易所得額範圍，係參照中央銀行於103年6月26日修正對高價住宅貸款採取針對性審慎措施所界定之高價住宅而訂定，以改善以往年度僅能按房屋評定現值之一定比例核定所得額，致生所得額偏低及未符實際之情形。

至於非屬上開高價住宅者，其房屋交易所得額標準係維持往年按房屋評定現值之一定百分比核定，該百分比係由各地區國稅局實地調查並按區域適度分級訂定，以反映地區差異及市場行情，俾趨近實情。

（資料來源：財政部）

7. **個人重購自用住宅退還綜所稅的規定**

第一、於出售自用住宅房屋完成移轉登記日起2年內重購者，先購後售者亦適用之。

第二、重購自用住宅之房屋其價額超過原出售價額者。

第三、納稅義務人已將出售自用住宅之財產交易所得於綜合所得稅申報繳納。

第四、納稅義務人出售或重購之房屋都須為自用住宅。

第五、出售或重購之房屋係以納稅義務人「本人」或其「配偶」名義登記者。

8. **奢侈稅規定**

A. **奢侈稅政策來源：**

在2009年之後國內不動產，因為不動產短期交易成本極低，且在高額消費帶動物價上漲的背景下，政府為了抑

制房價上漲的壓力，於2011年6月起開徵奢侈稅。其實奢侈稅正確的名稱是「特種貨物及勞務稅條例」，不動產是該稅規範的重頭戲，目前因房價還是節節高昇下，政府已擬具房地合一稅，房地合一稅是把土地及房屋在出售時產生的財產交易所得合一。在實價登錄後慢慢可以掌握實際交易價格，再推出房地合一稅，政府希望可達到一定調控房價的目的。至於房地合一稅一旦上路，有關房地產奢侈稅將停徵（詳見房地合一稅規定）。

B. **不動產課徵奢侈稅的標的：**

依照本條例第2條，課徵的不動產為「房屋、土地：持有期間在二年以內之房屋及其坐落基地或依法得核發建造執照之都市土地及非都市土地之工業區土地」。

C. **奢侈稅課稅規定：**

特種貨物及勞務稅之稅率為百分之十（兩年內）。但第二條第一項第一款規定之特種貨物，持有期間在一年以內者，稅率為百分之十五。

D. **奢侈稅課稅除外規定：**

依該條例第5條的除外情況如下（政府稽查時是否真正居住是重要認定原則）：

「一、所有權人與其配偶及未成年直系親屬僅有一戶房屋及其坐落基地，辦竣戶籍登記並有自住事實，且持有期間無供營業使用或出租者。

二、符合前款規定之所有權人或其配偶購買房屋及其坐落基地，致共持有二戶房地，自完成新房地移轉登記之日起算一年內出售原房地，或因調職、非自願離職、或其他非自願性因素出售新房地，

且出售後仍符合前款規定者。

三、銷售與各級政府或各級政府銷售者。

四、經核准不課徵土地增值稅者。

五、依都市計畫法指定之公共設施保留地尚未被徵收前移轉者。

六、銷售因繼承或受遺贈取得者。

七、營業人興建房屋完成後第一次移轉者。

八、依強制執行法、行政執行法或其他法律規定強制拍賣者。

九、依銀行法第七十六條或其他法律規定處分，或依目的事業主管機關命令處分者。

十、所有權人以其自住房地拆除改建或與營業人合建分屋銷售者。

十一、銷售依都市更新條例以權利變換方式實施都市更新分配取得更新後之房屋及其坐落基地者。

十二、確屬非短期投機經財政部核定者。

　　本條例修正施行時，尚未核課或尚未核課確定案件，適用前項第十二款規定。」

9. **房地合一稅規定**

　　在房地合一稅之前，房地產的移轉，土地部分課徵土地增值稅而不再課綜合所得稅，只有房屋的部分課徵財產交易所得稅。土地增值稅的稅基是以土地公告現值漲價額為標準，但眾所周知，土地的公告現值與市價有落差，所以無法量能課稅，且長期持有漲價倍數容易變高，短期買賣漲價倍數反而較低，因此對於長期持有者有減徵之規定。至於房屋部分，在實價登錄前不易掌握實際成交價，所以通常以房屋評定現

值乘上一個所得比率做為所得額，此金額自然比用市價計算的所得額容易低估。目前已實價登錄，政府可以掌握買賣市價行情，若用核實認定，應該比較符合課稅的公平。但是土地的交易所得的課徵，仍是一個待處理問題，因此才會有房地合一稅將土地及建物的所得一起考慮的呼聲。日前本案也經過關，以下為房地合一稅之重點：

A. 納稅義務人：買賣不動產取得利得之人。自然人分境內居住者及非境內居住者，營利事業分總部在境內及總部在境外（又分在台分公司及子公司）。

B. 稅基：不動產（土地、房屋、地上權設定房屋、土地加房屋，但不包含農地及農舍）買賣的財產交易所得（同一房地產賣價－同一房地產買價 – 費用 – 土地漲價總額），土地增值稅不變，土地漲價總額當稅基扣除額；營利事業稅基不含設定地上權的房屋使用權。

C. 課稅時機：原則上是在105/1/1日買進，並在之後賣出的不動產所獲之財產交易所得。所以在105/1/1日前買進並再之後賣出原則不受房地合一稅影響，但因房地合一稅課徵奢侈稅將退場，所以舉例若在103/1/1日次日買進，並在105/1/1日賣出，將因奢侈稅與房地合一稅產生空窗，所以規定仍課房地合一稅，若上例在105/1/2日以後出售將不課稅，以此類推（即103年1月2日以後取得，且持有未滿2年應課房地合一稅）。

D. 依不同持有人身分持有稅率（分離課稅，一個月內申報）

　　a. 居住者自然人：

　　　* 稅率：持有1年以下45%，持有滿1年未滿2年35%，

持有滿2年未滿10年20%，持有滿10年15%。

* 自住房優惠：一、夫或妻、未成年子女設有戶籍，持有並實際居住滿6年，且無供營業或出租，財產交易所得400萬以下免稅，超過400萬以上的部分課徵10%；但6年內適用1次為限。二、重購退稅：換大房（即賣出低價買入高價）全額退稅；換小房按比例退稅（計算方法待確認）；以上重購退稅後5年內不得改作他用或移轉。

* 虧損得抵3年。

b. 非境內居住者之自然人：持有1年以下45%，滿1年以上35%。

c. 國內營利事業：營利所得稅17%。但未分配盈餘需加徵10%，分配盈餘需注意目前可抵扣稅額減半，受分配盈餘股東若以45%綜所稅率計算，總稅負約51.9575%，除非能有更多的合法費用，若要成立一人公司持有，不見得有利；虧損得後抵10年。

d. 總機構在國外，例用分公司型態，持有期1年以下45%，持有1年以上35%，假設持有滿1年以上出售，其盈餘可匯出（因此總稅負35%）。或以子公司持有，課稅方式同國內營利事業。

E. 特殊情況

a. 非自願售屋持有2年：稅率20%

b. 合建分屋2年交易：稅率20%

十三、購買農地的規劃

1. 島內移民的風潮

台灣興起一片輕移民的風潮，都市人回歸自然的意願強烈。因此宜蘭成為台北的後花園，每到假日，國道五號車流不息。除了宜蘭之外，花東及南部也都是熱門地點。

2. 購買農地及興建農舍資格的規定

原土地法第30條規定：「私有農地所有權之移轉，其承受人以能自耕者為限」。此法條已刪除，所以目前個人承受農地已無此限制。惟目前農舍管制不嚴也產生諸多問題，政府也會對相關政策檢討，此有待觀察。因此依內政部104年9月4日台內營字第1040813558號令，其農業用地興建農舍辦法第2條的內容請參考如下：「依本條例第十八條第一項規定申請興建農舍之申請人應為農民，且其資格應符合下列條件，並經直轄市、縣（市）主管機關核定：

一、年滿二十歲或未滿二十歲已結婚者。

二、申請人之戶籍所在地及其農業用地，須在同一直轄市、縣（市）內，且其土地取得及戶籍登記均應滿二年者。但參加興建集村農舍建築物坐落之農業用地，不受土地取得應滿二年之限制。

三、申請興建農舍之該筆農業用地面積不得小於零點二五公頃。但參加興建集村農舍及於離島地區興建農舍者，不在此限。

四、申請人無自用農舍者。申請人已領有個別農舍或集村農舍建造執照者，視為已有自用農舍。但該建造執照屬尚未開工且已撤銷或原申請案件重新申請者，不在此限。

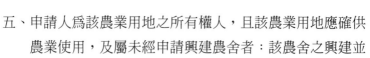

五、申請人為該農業用地之所有權人，且該農業用地應確供
　　農業使用，及屬未經申請興建農舍者：該農舍之興建並
　　不得影響農業生產環境及農村發展。」

3. 農地的稅負優惠規定：

有關農地稅負優惠規定，請參考表10-11：

農地稅負優惠規定表（表10-11）

優惠稅負	條件	法規依據
免徵房屋稅	專供飼養禽畜之房舍、培植農產品之溫室、稻米育苗中心作業室、人工繁殖場、抽水機房舍；專供農民自用之燻菸房、稻穀及茶葉烘乾機房、存放農機具倉庫及堆肥舍等房屋。	房屋稅條例第15條第6款
免徵田賦10年	作農業使用之農業用地，贈與民法第一千一百三十八條所定繼承人者，自受贈之年起，免徵田賦十年。 民法第1138條規定： 遺產繼承人，除配偶外，依左列順序定之： 一、直系血親卑親屬。 二、父母。 三、兄弟姊妹。 四、祖父母。	土地稅減免規則第15條
免徵田賦10年/免徵遺產稅	作農業使用之農業用地及其地上農作物，由繼承人或受遺贈人承受者，其土地及地上農作物之價值，免徵遺產稅，並自承受之年起，免徵田賦十年。 承受人自承受之日起五年內，未將該土地繼續作農業使用且未在有關機關所令期限內恢復作農業使用，或雖在有關機關所令期限內已恢復作農業使用而再有未作農業使用情事者，應追繳應納稅賦。但如因該承受人死亡、該承受土地被徵收或依法變更為非農業用地者，不在此限。	農業發展條例第38條1項

遺產稅之農業用地扣除額	遺產中作農業使用之農業用地及其地上農作物，由繼承人或受遺贈人承受者，扣除其土地及地上農作物價值之全數。承受人自承受之日起五年內，未將該土地繼續作農業使用且未在有關機關所令期限內恢復作農業使用，或雖在有關機關所令期限內已恢復作農業使用而再有未作農業使用情事者，應追繳應納稅賦。但如因該承受人死亡、該承受土地被徵收或依法變更為非農業用地者，不在此限。	遺產及贈與稅法第17條第6款
不計入贈與總額	作農業使用之農業用地及其地上農作物，贈與民法第一千一百三十八條所定繼承人者，不計入其土地及地上農作物價值之全數。受贈人自受贈之日起五年內，未將該土地繼續作農業使用且未在有關機關所令期限內恢復作農業使用，或雖在有關機關所令期限內已恢復作農業使用而再有未作農業使用情事者，應追繳應納稅賦。但如因該受贈人死亡、該受贈土地被徵收或依法變更為非農業用地者，不在此限。	遺產及贈與稅法第20條第5款
得申請不課徵土地增值稅	作農業使用之農業用地，移轉與自然人時，得申請不課徵土地增值稅。前項不課徵土地增值稅之土地承受人於其具有土地所有權期間內，曾經有關機關查獲該土地未作農業使用且未在有關機關所令期限內恢復作農業使用，或雖在有關機關所令期限內已恢復作農業使用而再有未作農業使用情事時，於再移轉時應課徵土地增值稅。前項所定土地承受人有未作農業使用情事，於配偶間相互贈與，應合併計算。 92.2.7增列第37條第2項：作農業使用之耕地依第33及34條規定移轉與農民團體、農業企業機構及農業試驗機構時，其符合產業發展需要、一定規模或其他條件，經直轄市、縣市主管機關同意者，得申請不課徵土地增值稅。	土地稅法第39條之2第1、2、3項。 農業發展條例第37條第2項

不屬特種貨物及勞務稅（奢侈稅）課徵範圍	本條例規定之特種貨物，項目如下： 一、房屋、土地：持有期間在二年以內之房屋及其坐落基地或依法得核發建造執照之都市土地及非都市土地之工業區土地。 （以台北市為例，可取得農地農用證明即不屬其課稅範圍）	特種貨物及勞務稅（奢侈稅）第2條

（筆者依相關法令整理）

Chapter 11
信託理財與相關稅捐規定

一、信託的意義

1. 信託的起源

信託最遠古的概念起源，可以追溯至西元前的古埃及，古埃及人用遺囑的方式把自己的財產信託出去，轉讓給子女親屬。到了古羅馬時代，信託遺贈已成為古羅馬法律遺贈制度中的一種間接遺贈方式。現代信託制度是在英國形成的，11世紀的英國，臣民篤信宗教，人們在死前大多將土地捐贈教會，教會與統治土地和臣民的封建領主之間的矛盾不斷加深。為了保護領主的利益，英國制定法令，規定凡是要把土地贈與教會的，要得到領主的許可，否則予以沒收。以此來禁止人民向教會捐贈土地。為了逃避這樣的限制，人們參照古羅馬信託遺贈的方式創造出「Uses」制度，即臣民在遺囑中指定一個教會以外的第三者，先把土地贈給第三者，第三者接受土地的目的則是為了教會的利益，第三者為教會管理土地，土地收益由教會享受。「Uses」的產生和推廣，是基於土地轉讓人和接受人之間的相互信任，因此，這種方式也叫「信託」。另外還有一說，是中古世紀，英國戰士對外征戰，為避免名下土地因無人管理或遭遇侵占，於是將土地所有權移轉給信任的第三者，此第三者通常是教會組織，即土地信託給教會管理。

2. 信託的基本架構

現代的信託（Trust）制度，在先進的國家已推廣許久。在許多信託法令及信託制定的技巧可說相當成熟，已成為其人民信賴的財富管理制度。依照信託法第1條規定：「稱信託者，謂委託人將財產權移轉或為其他處分，使受託人依信託本旨，為受益人之利益或為特定之目的，管理或處分信託財產之關係」。

所以以信託法對信託的規定，必需有的主體、客體及權義如下：

A. **委託人**：理財目標需求者是委託人，那麼可能的下一個問題是具備何資格才能當委託人，因委託人是要把自己的財產移轉出去的人，若是以契約成立的方式，則應回歸民法的規定是必需有行為能力，其具體規定如下：（一）滿二十歲為成年，但未成年人已結婚者，有行為能力。（二）滿七歲以上之未成年人，有限制行為能力，需得法定代理人允許。（三）未滿七歲之未成年人，無行為能力，需由法定代理人為之才有效。（四）受監護宣告之人，無行為能力，需由法定代理人為之才有效。（五）受輔助宣告之人為下列行為時，應經輔助人同意（略）。但純獲法律上利益，或依其年齡及身分、日常生活所必需者，不在此限。

信託法對委託人資格並無確切規定，但應是具行為能力者，對於限制能力及為保護輔助宣告之人，宜由法定代理人或輔助人同意。若是無行為能力當然不適合為委託人。以上是自然人部分，另法人擬具一定行為能力，也可以為委託人。

B. **受託人**：受託人是接受委託管理財產，當然要有行為能力，依信託法第21條規定：「未成年人、受監護或輔助宣告之人及破產人，不得為受託人」，所以只要不是有此規定的人都可為委託人。**有行為能力的自然人及法人都可以，又信託業法規定之信託業法人與一般法人的不同點，在於有些業務是信託業特許，一般法人無法為之。**

C. **受益人：有權利能力都可爲受益人，權利能力乃具有享受權利或負擔義務之資格或地位。** 一般自然人生來即有，而胎兒依民法第7條規定：「胎兒以將來非死產者爲限，關於其個人利益之保護，視爲既已出生」。至於法人受益人，不同的法人組織，則依其規定限制內爲之。

D. **信託財產：** 依信託法第9條：「受託人因信託行爲取得之財產權爲信託財產」。也就是原來是委託人的財產，經由信託制度移轉給受託人的財產。那何種財產可以信託，歸納應有以下的特性：（一）是具有可以用金額衡量的財產權。（二）是積極的財產，也就是正價值，而不是負價值的財產。（三）財產權是可以有**轉讓性**，如此才有可能交付。

E. **移轉財產或爲其他處分：** 信託財產是可爲所有權移轉，或是如設定用益物權（如地上權）等處分。

F. **受託人需依委託人意旨管理財產，並把利益交付給受益人。**

G. **信託架構的案例：**

 案例

問：

　　佳美爲單親媽媽，扶養一個女兒。佳美有一筆500萬元現金，想要做比較好的應用，希望有更高的報酬。上個月佳美巧遇多年不見的堂弟，得知堂弟有專業的投資分析證照，在投資上有數十年經驗，目前是專業個人投資好手。佳美將她500萬

的計劃告訴堂弟，經過幾次討論，堂弟只願意私下以親友名義，幫忙代為管理投資。請問佳美的想法，可以透過信託的工具來實現嗎？

答：

　　按照信託法第1條規定：「稱信託者，謂委託人將財產權移轉或為其他處分，使受託人依信託本旨，為受益人之利益或為特定之目的，管理或處分信託財產之關係。」係指財產所有人（委託人）為自己指定之人（受益人）之利益或特定目的，將財產權移轉或為其他處分，使受託人依信託本旨為管理或處分之。所以，信託必有財產權之移轉於受託人，使受託人以財產權利人之名義管理信託財產，並於信託關係存續中，就該信託財產對外為唯一有權管理及處分權人。因此，受託人管理或處分信託財產之效果，於信託關係終止前，仍歸屬於受託人。

　　依民法第528條規定：「稱委任者，謂當事人約定，一方委託他方處理事務，他方允為處理之契約。」就委任契約與信託契約之差別，除其成立是否以書面為必要外，委任處理事物如係以財產之管理或處分為其契約內容時，委任人無須移轉財產權於受任人，受任人管理之財產仍屬委任人所有，委任關係存續中，委任人未必喪失對其財產之管理處分權限。所以，受任人管理或處分該財產之效果，直接歸屬委任人。

　　經過評估用信託及委託似乎都可以達到管理或處分財產的目的。但若為信託時必需移轉財產權，以堂弟為受託人，佳美為委託人及受益人。雙方可將細節如信託期限、管理方式……等等做約定。若以委任契約則無需移轉財產，只需將同樣考量

納入契約。兩相比較，若要取一，則委任似乎單純可行性較優。因為堂弟固然是親戚，但人心總無法預料，筆者建議不論受託人或是受任人還是以有信譽且可受監管的機構較有保障。所以理財規劃的過程中，是先有需求再找方案。而非就是一定要某工具再去找目標套入，不然就成為「先射箭再畫靶」，而且倒果為因了。

二、信託的分類

1. 私益信託

信託訂立目的，是要依照委託人的意旨去照顧受益人，若是**受益人是委託人指定的特定個人，就稱為「私益信託」**。想當然爾，委託人也可兼為受益人。如果**委託人自己就是受益人，稱為「自益信託」**。若是受益人並非委託人自己，，則稱為**「他益信託」**。因為私益信託純粹是人民自由意志成立，且不涉公眾利害，一般不需特別申請政府核准。且**私益信託中也並不強制設立監察人**，可依不同狀況決定是否加入此監察人的機制。

2. 公益信託

當委託人成立信託時，是以不特定之一般社會大眾的利益為目的，這種信託稱為「公益信託」。例如提供發明獎學金，給參加國際競賽的選手，而這位選手在信託成立的當時可能尚未存在。依照信託法第69條規定：「稱公益信託者，謂以慈善、文化、學術、技藝、宗教、祭祀或其他以公共利益為目的之信託」。因為公益信託事涉公眾利害，所以依照同法第70條規定：「公益信託之設立及其受託人，應經目的事業主管機關之許可。

前項許可之申請，由受託人為之」。因此公益信託對於受託人的資格有所限制，一般需由政府核定的信託業者為之。**且在公益信託中必需強制設立監察人制度，以便監督受託人的運作。**

備註：

公益信託與財團法人的比較：

　　想將一定的財產做為慈善、文化、學術、宗教等等公益事務，且希望有制度的持續運作，此時通常有財團法人或公益信託的方式做選擇。財團法人是由個人或團體捐贈一定財產成立，訂定章程，成為法律上獨立人格，因此可以永續的運作，不受捐助人生命有限的影響。其實兩者間相同點是都可以依照各自的特性從事公益。但是委託人的想法，如果只以單純金錢資助指定的對象，不想做公益營運的機構，則公益信託是比較簡單的選項。若以設立、營運、捐助、資金應用、及運作期限制等重點比較並整理如（表11-1），就可幫我們做選擇判斷決策。慈濟捐款流向的事件，其中善款的用途是否全部符合捐助人的意思，社會認知產生一定的落差。若是理財規劃需求者，有意回饋社會一定族群，但又不準備自己成立公益事業體，則可考慮公益信託。因為公益信託也可以自定捐助的條件，所以委託人的一分一毫的金錢，同樣保證可以都用在該用的地方。

公益信託與財團法人重要項目比較表（表11-1）

	公益信託	財團法人
設立方式及程序	以信託方式成立，委請受託人向公益別目的主管機關申請	以法人成立，向目的主管機關申請，並向法院申請法人登記後，取得法人資格

組織及事務所	由受託人處理事務，不需另開設事務所	透過董事會運作，需固定組織及事務所
捐贈規模	若非全國性質，一般不限。（但有時受託人，因自身營運需求，會與委託人協商投入金額）	需一定最低金額限制
適合型態	純粹金額捐贈	直接運營公益事業
資金運用	利息及本金都可動用	只動孳息不動本金
存續期間設定	彈性	永續性，不得任意解散
營運費用	無需事務所，費用低	需有事務所，費用需求高
終了財產歸屬	不歸委託人	不歸捐助人

3. 宣言信託

依信託法第71條規定：「**法人為增進公共利益，得經決議對外宣言自為委託人及受託人，並邀公眾加入為委託人。前項信託對公眾宣言前，應經目的事業主管機關許可**」。如若是理財規劃需求者本身是有聲譽的社會精英或意見領袖，可以事先經主管機關許可後用宣言信託的方式，去號召更多有能力的人從事公益，效果將更顯著。所以宣言信託與公益相同的是從事公益的信託，不同的是公益信託委託人不能自任受託人，而宣言信託則可以。

備註：

營業信託與非營業信託的差異（以不同受託人身分區分）

以前面佳美所提的需求，如果最後仍以信託方式處理，則以**受託人不同身分區別為營業信託及非營業信託**。若受託人非為信託業時稱為非營業信託，又稱「民事信託」，佳美的例子就是民事信託。民事信託法律規範只依信託法及民法規定，不適用信

託業法規定。而信託業法的營業信託，當然受民法、信託法及信託業法規範。因為信託業者依信託業法辦理，受到嚴格的政府監督，因此更能保障委託人的權益。

三、信託如何成立以及理財需求者（委託人）的權義

1. 信託成立的方式

依照信託法第2條規定：「信託，除法律另有規定外，應以契約或遺囑為之」。若是以契約成立的信託，當然是以委託人及受託人表示合意而成立的。至於遺囑信託是用遺囑的方式直接發生法律的關係，而不以受託人是否表示承諾為其管理及處分財產為成立要件。目前民法可立遺囑的情況規定：「無行為能力人，不得為遺囑。限制行為能力人，無須經法定代理人之允許，得為遺囑。但未滿十六歲者，不得為遺囑」。還有一種情況是以委託人死亡為條件所設立的契約信託方式，原則還是屬於契約信託之列。另外私益信託不需經主管機關核可，公益信託需經主管機關審核。

2. 委託人

委託人的權力與義務（摘錄比較重要的部分）：

權利部分：

A. 委託人可以在契約內保留一些權力，如變更受託人約定、保留變更非委託人之受益人的相關事項（如中止受益權）……等等。

B. 第三人對於信託財產申請強制執行，依信託法第12條規定，委託人、受益人或受託人得於強制執行程序終結前，向執行法院對債權人提起異議之訴。

C. 申請變更財產管理方式，分別依信託法第15、16條規

定：「信託財產之管理方法，得經委託人、受託人及受益人之同意變更」。以及「信託財產之管理方法因情事變更致不符合受益人之利益時，委託人、受益人或受託人得聲請法院變更之。前項規定，於法院所定之管理方法，準用之」。

D. 損害補償或恢復原狀請求權：依信託法第23條：「受託人因管理不當致信託財產發生損害或違反信託本旨處分信託財產時，委託人、受益人或其他受託人得請求以金錢賠償信託財產所受損害或回復原狀，並得請求減免報酬」。以及第24條第1項：「受託人應將信託財產與其自有財產及其他信託財產分別管理。信託財產為金錢者，得以分別記帳方式為之」。若是未依約定為分別管理時，「受託人違反（24條）第一項規定獲得利益者，委託人或受益人得請求將其利益歸於信託財產。如因而致信託財產受損害者，受託人雖無過失，亦應負損害賠償責任；但受託人證明縱為分別管理，而仍不免發生損害者，不在此限」。

E. 對於受託人的監督：委託人當然可以監督受託人，請求說明信託狀況及提供表單。受託人不適任，可申請解任，並可對受託人增減報酬。

義務部分：

F. 需移轉或為其他設定處分信託財產給受託人。

G. 若有約定報酬時有義務給付。

H. 信託經委託人（自益信託）及受益人同時（他益信託）終止，造成受託人損害時需賠償之。

四、信託財產

1. 信託財產要否登記及其實益

前面的內容我們曾探討，具備可為信託財產的特性。那麼這些信託財產需要去登記為信託財產嗎？登記與否又有何差別？依照信託法第4條規定：「**以應登記或註冊之財產權為信託者，非經信託登記，不得對抗第三人。以有價證券為信託者，非依目的事業主管機關規定於證券上或其他表彰權利之文件上載明為信託財產，不得對抗第三人。以股票或公司債券為信託者，非經通知發行公司，不得對抗該公司**」。

案例

某甲經過某乙友人建議，於半年前買入小套房想要出租，結果幾個月都過去了，房子還是租不出去。有一天某甲聽信某丙的游說可以幫忙用不動產信託方式，代為出租房子，且保證以高租金出租，在某丙不斷的鼓吹下，某甲同意所求，並依約將房子的所有權狀及相關證件交付出去。某丙告訴他費用由其代墊，之後從租金扣除即可。某甲本身因不知相關規定，所以也無從查證是否登記為信託財產與否。數月後該不動產竟被出售給不知情的第三者，並已辦妥過戶登記，而某丙則逃之夭夭，後續某甲對買方恐難追究。事後發現，不動產並未為信託登記。本例若是某甲事先向信託規劃顧問查詢，至少可以知道，不動產信託登記中需要將信託旨意於登記時註明，地政機關製發不動產權狀也會註明信託財產，如此信託公式方式才能對抗第三者，要是知道此規定，且確實做了登記，買方一定不可能買入了。

2. 信託財產與受託人的財產是何種關係

信託財產雖是在受託人名下，但信託財產只是受託人名義上的財產，要與受託人自己的財產嚴格區分。依信託法第9條規定：「受託人因信託行為取得之財產權為信託財產。受託人因信託財產之管理、處分、滅失、毀損或其他事由取得之財產權，仍屬信託財產」。另依同法第10條及11條規定，受託人死亡時，信託財產不屬於其遺產。而受託人破產時，信託財產不屬於受託人的破產財團。這些規定無非在保障委託人的權益，不會因受託人在財務不利時，損害信託財產。

3. 信託財產有可能被強制執行嗎？

委託人一定會很關心這樣的問題，但是要提醒的是，信託制度是個財富管理制度，不是用來逃避債務的。前面在委託人的權義B.項中提到，委託人得就針對信託財產提起之強制執行，於強制執行程序終結前，向法院對債權人提起異議之訴。但哪些情況債權人得對信託財產強制執行或請求權利？說明如下（一）在**信託成立前已成因**，即已發生權利義務關係，例如不動產信託前該不動產已設定抵押。其相關規定在信託法第12條：「對信託財產不得強制執行。但基於信託前存在於該財產之權利……不在此限」。（二）基於處理信託事務，因而取得的權利。例如對信託財產的修繕費，即可主張此權利。（三）受託人就信託人就信託財產所負擔的費用，得請求補償。（參照信託法第39條規定）

4. 信託可能是無效或可被撤銷？

依照信託法第5條規定，有下列情況者無效：「一、其目的違反強制或禁止規定者。二、其目的違反公共秩序或善良風俗者。三、以進行訴願或訴訟為主要目的者。四、以依法不得受讓特定財產權之人為該財產權之受益人者。」

另依第6條規定：「**信託行爲有害於委託人之債權人權利者，債權人得聲請法院撤銷之。信託成立後六個月內，委託人或其遺產受破產之宣告者，推定其行爲有害及債權**」。

5. **本金受益權、孳息受益權及全部受益權**

　　一般受益權可以用是本金或孳息的受益人區分。例如陳先生設立股票信託，五年內的股票利息給子女，五年後股票本金歸自己，我們可稱本金自益，孳息他益的信託。若本金及孳息全歸子女，稱爲他益信託。全部歸屬自己，稱爲自益信託。之所以要區分自益他益與本金孳息的差別，其重要的因素除了區分受益權歸屬不同外，在各種不同規定下，有不同稅捐負擔。

五、目前信託業推出信託種類及常見項目簡介

1. **信託業法規定信託業可經營的信託項目**

　　比起民事信託，營業信託相對保障較高。一般的信託執行與管理也是較專業，因此一般人都會委託給信託業者處理，所以對於適合且有意以信託理財的需求者。信託業可經營的信託項目，不可不了解。依照信託業法所規定，信託業得經營的項目：

　　一、金錢之信託。

　　二、金錢債權及其擔保物權之信託。

　　三、有價證券之信託。

　　四、動產之信託。

　　五、不動產之信託。

　　六、租賃權之信託。

　　七、地上權之信託。

　　八、專利權之信託。

　　九、著作權之信託。

十、其他財產權之信託。

2. 金錢信託（金錢信託的一種）

信託業法對於金錢信託的種類並無特別的規定，茲舉幾種分類方式：以金錢交付時機分類有（一）追加型信託或固定型信託：若是以可以允許分次交付金錢進入信託財產，稱為「追加型信託」。只能一次性交付金錢入信託財產，稱為「固定型信託」。另外一種分類，在台灣比較周知，是以運用方式的指示程度：分為「特定金錢信託」或「指定金錢信託」兩種。特定金錢信託是信託財產運用必需特定，即委託人需要有具體運用方法提示，例如我們在銀行開立信託專戶，指示銀行購買A基金100萬元。而指定金錢信託，委託人只做概括性的指示，至於具體運用方式則由受託人決定。

3. 有價證券信託

所謂有價證券信託，係以有價證券作為信託財產之信託，委託人將有價證券移轉或為其他處分，由受託人依信託本旨，為受益人之利益或特定目的管理、運用或處分該有價證券。有價證券信託依其信託目的及管理運用方式，一般常見可分為三種類型，即「**管理型有價證券信託**」、「**運用型有價證券信託**」及「**處分型有價證券信託**」。「管理型有價證券信託」指以管理有價證券為目的之信託，例如因退休年老無暇管理手邊證券，因此設立此種信託，由受託人代為管理如股息、利息等收取或代為出席股東會等事宜。「運用型有價證券信託」指由受託人依信託契約約定代為運用，如有價證券租借或做為擔保等應用，並將運用信託財產收益分配予信託契約指定之受益人，於信託期間屆滿時，將信託財產移轉登記並交付受益人。「處分型有價證券信託」指委託人將有價證券移轉登記並交付受託人，由受託人依信託契約約定

之信託財產處分價格、方式及條件等處分信託財產。

4. 不動產信託

所謂「不動產信託」係指信託成立時，委託人以不動產作為信託財產，不動產所有權人（委託人）將其所持有之不動產（包括土地及其地上物等）信託予受託銀行（受託人），雙方簽訂信託契約，受託銀行依該信託契約約定將信託之不動產為開發、管理或處分，藉以提高不動產運用效益，以達成信託目的。

5. 保險金信託（金錢信託的一種）

保險金信託就是將保險理賠金交付信託，是一種結合「保險」與「信託」的金融服務商品，主要目的在於藉由信託與保險制度的結合，提升受益人之權利保障，避免如未成年或無收入及管理錢財能力子女，遇到父母意外雙亡而獲得大筆保險理賠金時，為不肖親友盜用或保險金受益人本身管理不善致所獲理賠的保險金無法落實保障遺族的目的。但此種信託，從施行後成效不是太好，主要信託的委託人是保險受益人。等到父母過世後，就有許多不同的雜音出現，甚致被提前解約，造成受益人無法被妥善照顧的風險。

6. 公益信託

公益信託可以透過信託業者當信託的受託人，委託人即不需親自介入公益事務之執行，也可以達成持續幫助社會弱勢族群之目標，且可以號召親友同好及一般大眾一同捐贈或加入公益信託，也因此提供了社會上具有同樣熱心的人更多參與的機會。

六、信託關係何種情況會結束及後續信託財產處理方式

1. 何種情況信託會結束

依照信託法第62條規定：「信託關係，因信託行為所定事

由發生，或因信託目的已完成或不能完成而消滅」。例如信託目的是資助受益人教育金費用至大學畢業，而受益人已大學畢業，所以目的已完成，信託自然結束。或是原提供出租所得給受益人為受益權為目的不動產信託物已因故拆除，所以已經沒有信託財產，信託當然無持續的必要。或依第63條：「信託利益全部由委託人享有者，委託人或其繼承人得隨時終止信託」。及第64條：「信託利益非由委託人全部享有者，除信託行為另有訂定外，委託人及受益人得隨時共同終止信託」。

2. 信託結束後財產如何處理

私益信託結束以後若是有剩餘的財產，**應該依照約定給予應給之人**。但是契約**若是無約定，該如何處理**？信託法第65條規定，第一順位應給付享有全部利益的受益人，第二個順位是委託人或其繼承人。另依66條規定，在信託結束但剩餘的財產未完全給付應得之人時，信託還算未結束，並以應歸屬之人為信託受益人。**但公益信託結束時，剩餘的財產不歸委託人**，而是依照信託法第79條規定：「公益信託關係消滅，而無信託行為所訂信託財產歸屬權利人時，目的事業主管機關得為類似之目的，使信託關係存續，或使信託財產移轉於有類似目的之公益法人或公益信託」。

七、信託需求如何確定及建議處理架構

1. 信託規劃建議的架構

理財規劃需求者有不同的理財目標，有些目標適合用信託的方案或工具，也有些是不適合的。**因此建議規劃需求者，應該與信託規劃顧問洽談**。信託規劃顧問必需的最低要求，起碼是具有信託業務人員的執照。但隨規劃內容不同，建議如涉及金融、保險、證券、稅務及不動產法令，或複雜一點的案例更需會計師、

律師、證券分析師及地政士等更高階的專業人士來協助。信託規劃顧問是與需求者接觸最密切、也是受信賴的對象。參考公益信託強制需設監察人制度，筆者建議私益信託有可能儘量也要求設立，以協助委託人及受益人看好利益，**而監察人最好的人選之一是信託規劃顧問，畢竟他最了解委託人的需求，也是委託人倚賴的。**

公益信託目前的規定勢必選擇信託業者爲受託人，建議私益信託除非是信託業無此業務，否則我們還是選擇他們比較放心。信託業的強項在信託資產管理及業務行政的資源，對於客戶信託需求的確認及規劃，還是交由理財規劃專業比較恰當。經與（信託）理財規劃顧問的分析及提出需求，（信託）理財規劃顧問可以幫忙找到最適當的受託人。因此建議的信託業務規劃架構如下圖（圖11-1）：

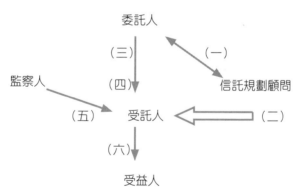

建議信託規劃架構圖（圖11-1）

2. **信託規劃的流程**

接續圖11-1，我們來說明信託規劃的流程：

流程（一）：理財規劃需求者，在審思本身的理財目標中，

　　某些目標評估後適合用信託方式處理。而顧問
　　（當然顧問需具信託規劃能力）的建議與自己
　　的意願都相符合時，即可與顧問就需求細節討
　　論與記錄。

流程（二）：信託規劃顧問根據前項的需求，以客戶的利益
　　　　　　為依歸及原則，去找尋適當的受託人。

流程（三）：顧問協同委託人，並當成委託人的夥伴與受託
　　　　　　人談定信託合約，並順利簽定信託契約並指定
　　　　　　生效條件。

流程（四）：委託人將信託財產移轉或為其他設定給受託
　　　　　　人。

流程（五）：在信託管理期間，監察人（建議信託規劃顧問
　　　　　　任監察人之一員）應協助委託人監督信託運
　　　　　　作，以保障委託人及受益人利益。

流程（六）：受託人將信託利益歸屬受益人並終止信託。

八、個人或家庭需求適合信託處理的案例

　　信託現在廣為大眾應用，舉凡照顧弱勢第二代、為子女高等教育金的預備、委託人的個人退休安養、身為公司經營高層，為激勵員工或鞏固經營權的股權信託規劃、為資產保全或移轉目標的信託⋯⋯等等。以下幾個情境供大家參考，當然有需要時，可洽詢自己信賴的顧問。

1. 照顧後代「信託＋保險」安全昇級版

　　照顧後代，尤其是無謀生能力者，是許多父母最煩心的部分。早期在沒有信託的時期，父母走掉後，可以留一本保險金給後代。但錢給了後代不知如何運用，甚至被人騙走或遭其他親人

侵吞。後來有了保險金信託可照顧無行為能力的後代，**保險金信託是在簽定保單同時或之後，用保單受益人（被照顧者）為信託委託人（法定代理人代理）**，這雖然比只有保單理賠金的機制好一些，但是信託的委託人是被照顧的第二代，等到父母走了，而委託人又可以終止信託的情況下，親友們又可覬覦的機會，這又掉入同樣情境。因此之故，在各方的呼應下，有了保險法第22條的規定：「**保險費應由要保人依契約規定交付。信託業依信託契約有交付保險費義務者，保險費應由信託業代為交付之。前項信託契約，保險人依保險契約應給付之保險金額，屬該信託契約之信託財產。**要保人為他人利益訂立之保險契約，保險人對於要保人所得為之抗辯，亦得以之對抗受益人」。此法之貢獻，是以大人為信託委託人，大大避免前面所提到的弊端，而更保障第二代權益。

2. 退休安養給付的保證需求

于先生及夫人過幾年就會從職場退休，他們不久前碰到以前的老長官。老長官在職時是個意氣風發的主管，那知道現在重病，子女都不在身旁照顧，情況不勝感慨。有了此經驗，于先生夫婦看看自己只有一個女兒，已經隨夫婿移民美國，退休安養除了有錢，必需做更多安排，他們打算選擇銀髮退休屋做為退休生活處，不但有朋友娛樂，生病時也有醫療照護，於是經顧問協助成立一個安養信託照顧兩人未來。

3. 資產保全的防火牆

李先生的公司外移，因此中年失業，他想與前公司的幾位同事創業。但是他自己過去從來沒有創業的念頭與類似經驗，因此忐忑不安。心想創業不免需貸款，萬一經營不順，可能讓家人遮風避雨的住房遭受波及。於是請教理財規劃顧問建議成立不動產

信託，以保障住房的安全。

九、信託有關的稅捐規定及不同信託規劃方式贈與稅計算

信託是一種財富管理的工具，持平而論，除了公益信託外，信託制度並不是政府提供我們的節稅工具。信託本來是個導管，例如手中有一杯珍珠奶茶，可把信託比喻爲吸管，當用吸管去飲用珍珠奶茶，我們吸一口後，到我們口中不會變果汁。所以本來有的稅捐規定，信託也會有。只不過少數情況，例如贈與稅的計算，是用現值折現，因此若是有些特定狀況，是有些節稅空間。

1. 信託相關稅捐規定

信託規劃可以牽涉比較重要的稅捐有所得稅、贈與稅、遺產稅、土地稅及營業稅等等，由於規定資料量比較大，請參照本書後段附錄二。在此只先把捐贈公益信託的稅捐優惠統整如下表（表11-2）供參考。

捐贈公益信託的稅捐優惠整理表（表11-2）

項目	規定狀況	公益信託優惠規定法條依據
一	個人捐贈合於規定公益信託，贈與總額不超過所得總額20%，得列綜所稅扣除額。	所得稅法第6-1條及17條。
二	營利事業捐贈合於規定公益信託，得列年度費用或損失。	所得稅法第6-1條及36條。
三	營利事業成立、贈與或加入符合規定公益信託，受益人免所得稅。	所得稅法第4-3條

| 四 | 個人捐贈符合規定公益信託,受益人所享利益不課贈與稅。 | 遺產及贈與稅法第20-1條 |
| 五 | 遺產捐贈或加入於被繼承人死亡時已成立之符合規定公益信託免計入遺產總額。 | 遺產及贈與稅法第16-1條 |

備註
1. 所得稅法第6-1條:「個人及營利事業成立、捐贈或加入符合第四條之三各款規定之公益信託之財產,適用第十七條及第三十六條有關捐贈之規定」。
2. 所得稅法第17條(二)列舉扣除額第1項:「捐贈:納稅義務人、配偶及受扶養親屬對於教育、文化、公益、慈善機構或團體之捐贈總額最高不超過綜合所得總額百分之二十為限。」
3. 所得稅法第36條:「營利事業之捐贈,得依左列規定,列為當年度費用或損失:
   一、為協助國防建設、慰勞軍隊、對各級政府之捐贈,以及經財政部專案核准之捐贈,不受金額限制。
   二、除前款規定之捐贈外,凡對合於第十一條第四項規定之機關、團體之捐贈,以不超過所得額百分之十為限。」
4. 所得稅法第4-3條:「營利事業提供財產成立、捐贈或加入符合左列各款規定之公益信託者,受益人享有該信託利益之權利價值免納所得稅,不適用第三條之二及第四條第一項第十七款但書規定:
   一、受託人為信託業法所稱之信託業。
   二、各該公益信託除為其設立目的舉辦事業而必須支付之費用外,不以任何方式對特定或可得特定之人給予特殊利益。
   三、信託行為明定信託關係解除、終止或消滅時,信託財產移轉於各級政府、有類似目的之公益法人或公益信託。」
5. 遺產及贈與稅法第20-1條:「因委託人提供財產成立、捐贈或加入符合第十六條之一各款規定之公益信託,受益人得享有信託利益之權利,不計入贈與總額。」
6. 遺產及贈與稅法第16-1條:「遺贈人、受遺贈人或繼承人提供財產,捐贈或加入於被繼承人死亡時已成立之公益信託並符合左列各款規定者,該財產不計入遺產總額:
   一、受託人為信託業法所稱之信託業。

> 二、各該公益信託除為其設立目的舉辦事業而必須支付之費用外，不以任何方式對特定或可得特定之人給予特殊利益。
> 三、信託行為明定信託關係解除、終止或消滅時，信託財產移轉於各級政府、有類似目的之公益法人或公益信託。」

2. 信託贈與額的計算

　　信託依受益人是否為自己或他人分為自益信託或他益信託，依時間序列分信託期間及信託結束，受益權又分本金或孳息受益。例如本金1,000萬，設定3年信託，1年期的利率設1.5%，孳息有兩種狀況，第一種是每年20萬孳息共三次（20×3 = 60萬），第二種是依經營狀況浮動給付。信託原則屬於自益部分無贈與稅，而他益信託則需課贈與稅。

　　所以就有許多不同情況，例如信託期間孳息自益，信託結束本金他益，則信託他益部分贈與額多少？信託贈與額是用折現的算法，也就是貨幣時間價值的財務函數。3年後領回的本金1,000萬，相等於現在多少錢？經計算956.3169萬（Rate = 1.5%，N = 3，PMT = 0，FV = 1,000萬，求算PV = 956.3169萬）。假設此信託是今年第一次贈與，因已超過免稅額，需繳贈與稅（956.3169萬 – 220萬）×10% = 73.6316萬元。

　　但若是期間孳息他益，而孳息是以第一種情況，每期給予20萬元，則每期金額經過折現，現值總額為58.2440萬（Rate = 1.5%，N = 3，PMT = 20萬，FV = 0，Type = 期末年金，求算PV = 58.2440萬）。假設是今年第一次贈與則尚無需繳贈與稅。

　　若是孳息是第二種狀況，信託期間他益，信託結束自益的信託需負擔的贈與額及贈與稅各為多少？它的算法是以本金的現在價值1,000萬減3年後本金1,000萬折現（956.3169萬）等於43.6813

萬贈與額。若為年度第一次贈與也尚不需繳贈與稅。

問：

　　若前例本金為1,000萬股股票，目前股價每股20元，設定3年期間孳息他益，信託結束後本金自益的股票信託，其信託需多少贈與稅？（利率1.5%）

答：

　　因孳息浮動所以贈與額的計算方法如下：以本金減3年後本金折現為贈與額：$20,000萬 - [20,000萬 - \dfrac{20,000萬}{(1 + 1.5\%)^3}] =$ 873.6602萬為贈與額。假設是本年第一次贈與，贈與稅額為（873.6602萬 - 220萬）×10% = 65.3660萬元。

備註一：

若是最後執行情況假設每年都以10%配股，贈與時股價為25元，並用每年逐次贈與，則實際贈與稅共多少？

每年配息1,000萬股×10%×25 = 2,500萬元，每年贈與稅額（2,500萬 - 220萬）×10% = 228萬，所以3年贈與稅共228×3 = 684萬。但信託成立只繳約65萬多的贈與稅。

所以在低利率時代，且預估配息及股價是向上的情況，對於孳息他益，本金自益的股權信託贈與稅額是有利。

備註二：

目前國稅局對本金自益，孳息他益的股權信託，在100年5月6

日發布台財稅字第10000076610號函令，對於委託人已知股東會或董事會資料，知悉被投資公司將分配盈餘後，簽定孳息他益信託。或對被投資公司之盈餘分配具控制權，於簽定孳息他益信託後，經由盈餘分配決議，將訂約時該公司累積未分配盈餘以信託型式為贈與並據以申報贈與稅者，該盈餘於訂約時已明確可知或可得確定。以上情況將會以實質課稅認定，規劃時不可不慎。

十、信託規劃案例

　　章亞雲為僑生，大學時才到台灣政大就讀，學業完成後，就在台灣就業、定居及結婚。兒女都已成年，章先生在事業也有一番成就。章先生感念台灣及政大對其栽培，決定回饋母校。他初步構想捐出500萬，並與信賴的理財規劃顧問討論。章先生想培育學弟妹，提供獎學金，此外資助學系論壇，邀請成功系友分享學術經驗。因章先生事業繁忙，希望用比較經濟的方式達成。經過此面談，顧問得知章先生的需求是資助不特定人有關教育公益，資助金額不算很高且需節約成本進行，因此教育公益信託可符合需求。依照教育信託許可及監督辦法，主管機關為教育部，申報機關可至北市府教育局辦理。規定請參照網址如下：（http：//edu.law.moe.gov.tw/LawContentDetails.aspx？id=FL025245&KeyWordHL=&StyleType=1）

　　依照所得稅法第17條規定捐贈公益信託，捐贈總額最高不超過綜合所得總額百分之二十內，可申請扣除額，另依遺產及贈與稅法第20-1條免計贈與稅。經信託規劃顧問評估A銀行比較有經

驗，於是請銀行為受託人並代為向政府申請。其中規劃顧問協
助委託人與銀行協定契約完成（包含資金如何分配，做好資產配
置），委託人並匯入金額，等信託成立順利運作，銀行將固定期
間提供報表供委託人及監察人（建議由信託規劃顧問兼任）審
閱，章先生於是就很輕鬆達到他的公益理財目標。

Chapter 12

資產移轉規劃與夫妻剩餘財產分配請求權的應用

一、台灣經營之神王永慶的資產移轉小故事

　　王永慶先生於2008年10月11日因擔憂金融風暴對台灣產生的衝擊，偕同三房夫人李寶珠與女兒王瑞華前往美國視察公司生產線，在美東時間10月15日早上王永慶在美國家中一覺不醒，送醫後不治。依照王先生身分對於遺產稅適用屬人主義，應對其境內外財產課徵遺產稅，當時遺產稅最高邊際稅率高達50%。王先生除了大家已知三房外，當時又跳出第四房羅文源提出確認親子之訴，至今仍餘波盪漾。當然王先生身前對於資產應有不少規劃，但我們事後看，例如造成後代的爭產、遺產稅負規劃尚未完善、子女對國外資產如信託帳戶仍有疑義等等，實屬可惜。其中若是有更多的海外資產曝光，對於稅務機關而言，一定是緊盯的目標，演變至今，事件仍未落幕。

二、資產移轉規劃所要達到的目標

　　台灣過去在經濟起飛的年代，第一代靠著智慧與努力，造就不少白手起家的企業家。這些第一代的企業家部分已退居幕後，積極培育第二代，也有一些開始將其一生經營積累的資產，思考或已經開始傳承給下一代。這些第一代的經營者也好，或是其他各行各業的第一代，一般也都期待用適當的規劃，可以把其一生成果完美傳遞。在資產移轉規劃時，人們都希望達到甚麼目標，茲舉例如下：

1. 為了照顧或傳承後代或特別對象

　　資產移轉最主要的目的當然是照顧或傳承後代，有時也會對特別的團體做貢獻。

2. 在移轉的過程中仍保有適當的控制權

曾經有聽過一個故事，一位父親擔心子女不孝，於是宣布他以自己為投保人及被保險人買了大額的壽險保單，又說他會不定期來調整保單受益人的受益權金額比例，從此每位子女都很孝順。也許這是一個編造的故事，可是買了保單，事實是已規劃某些資產的移轉，但是仍保有適當的控制權，也成就傳承人需要管控的一定功能。

3. 資產移轉規劃可以避免後代紛爭

大家都可以經常看到爭產的案例不時在媒體被報導，以一個傳承的人一定希望後代子孫都能家和萬事興。資產移轉規劃如何可以事先規劃來預先防止後代爭產，考驗傳承人的判斷力及遠見。

4. 可以讓一生經營的事業成果持續並發揚光大

所多的傳承人對於其畢生經營的事業，有著深厚的情感與使命。因此他們一定也期待子女可以承繼衣缽，或是縱然子女不願承繼經營，也要安排專業經理人的協助，至少可以安排子女可以掌握多數的股權。

5. 為了節稅目的

整個或部分的資產移轉主要的目的是為了降低現在或未來的稅負總體負擔。

6. 降低執行時的稅費以及保障資產安全性。

不論是為了何種目標移轉，都希望可以在可完成目標下，可以降低稅費。我們在前面第8章也介紹一些稅捐的規定可以參考，但是不同的個案不會有百分百一定處理方案。除此之外，也要了解資產移轉規劃不是純粹量化（數字化），也要考慮質化（如個人處事風格，希望速戰速決，就會傾向生前贈與）。另外

各狀況下，也要遵守法律規定以及注意資產的保全程度，避免資產擺放在風險過大的地方或情況。

三、資產移轉規劃方案舉例

　　以下將介紹一般人常用的資產移轉的例子，事實上有些資產移轉的目標很單純，例如只是想留一筆資產照顧後代，並規劃稅費最低的方案。另外，有些是非常複雜的，可能包含股權規劃、海外設立紙上公司、海外租稅……等等。這些要依需求狀況組織一個專業團隊，才有辦法處理。

1. **贈與**：是傳承人生前單純贈與（未結合其他如信託、保單…等等工具）。

   優點：

   A. 可以分期贈與分散移轉，爭取更多時間及年度免稅額度。

   B. 可以有更多分段考慮機會，避免一次大的錯誤無法挽救。

   缺點

   C. 贈與出去即喪失控管權力。

   D. 受贈人若是缺乏財產管理能力，易造成資產無法保全。

   E. 某些狀況變化，財產落入他人手中（如贈與子，媳再嫁他人）。

   F. 整個資產移轉的完整性可能被打斷（某些狀況造成分期贈與無法進行）。

2. **繼承**：是傳承人在身故後才進行資產移轉。（未結合其他如信託、保單……等等工具）

   優點：

A. 傳承人生前可以完全掌控資產狀況。

B. 一些如不動產等以繼承傳承可免某些稅負，如土地增值稅等。

缺點：

C. 無法掌握身後資產分配。

D. 可能造成第二代紛爭。

E. 某些資產可以能難以分割造成使用效能降低（如不動產共有）。

F. 礙於各種身前無法預料因素，身後代理人可能無法周密處理。

G. 資產全部未生前移轉，可能增加遺產稅負擔。

H. 若未預留繳稅來源，可能需變賣資產。

3. 「贈與」搭配「保險」：把保費當贈與（最終還是給後代）。

優點：

A. 同贈與優點A。

B. 同贈與優點B。

C. 傳承人可以購買自己為要保人及被保險人的壽險保單，便能掌控資產。

D. 可以鎖定移轉金額（不論身故時點）。

E. 可以做遺產稅繳稅來源。

F. 若是加入「信託」機制，可以規劃讓傳承人更有效且更保護後代的方案。

缺點：

G. 負擔些許信託成本。

H. 要保人與受益人不同且保額過高時，有最低稅負制的問

題。

4. 「贈與」搭配「信託」：用他益信託的方式贈與

優點：

A. 資產移轉給受託人，可有資產隱匿效果。

B. 資產可交由專業人士管理

C. 信託契約可約定條款，委託人可有掌控權。

D. 信託財產保全等級更高。

E. 某些狀況可以降低贈與稅額（請參考股權信託贈與稅計算內容）。

缺點：

F. **增加信託設立及運作時費用。**

G. 受託人所託非人時。

5. **遺囑或遺囑信託**

優點：

A. 最大程度可以依傳承人意思決定分配方式。

B. 若用遺囑信託，還可選任受託人管理資產。

缺點：

C. 仍可能有不可預料因素，所以可能無法全然照本意進行。

D. 受託人選任非人時。

6. **生前或身後移轉搭配特殊的資產（如不動產）**

優點：

A. 因為市價與規定贈與額（土地公告現值＋房屋現值）的落差可節贈與稅。

B. 合於規定的不動產可免計遺產稅或是抵繳稅額。

C. 移轉後不動產的增值，受贈人不論持有或出售都有獲利

可能。

缺點：

D. 購入不動產再移轉增加稅費負擔。

E. 將來稅負增加的風險（如房地合一稅、房屋稅稅基或稅率調高）。

四、資產移轉規劃與執行步驟

步驟一：對於資產移轉的目標描述與再確認。

步驟二：擬為移轉之資產現況及未來可能變化之預估。（例如信託期間孳息他益的股票信託，需對利率、股息發放率及股價做預估，以做為信託他益信託設定參考）

步驟三：可行的方案或工具優缺點評估並擇定一或數方案或工具備執行。

步驟四：規劃執行的時間點、移轉金額及稅費估算。

步驟五：依規劃內容執行。

步驟六：執行後修正檢討並至達成目標為止。

五、資產繼承相關問題

資產移轉的時間序列，可以透過生前贈與、成立信託或購買保單等方式，達到生前移轉或生前給付的目的。也可以是生前未做提前移轉準備或交付資產，而是等到身後才啟動資產移轉的動作。關於後項的資產繼承可能遇到的問題，也是值得探討的。

1. **繼承的開始及繼承標的**

依民法第1147及1148條規定，**繼承從被繼承人死亡開始，繼承被繼承人財產上之一切權利、義務。**但權利、義務專屬於被繼

承人本身者，不在此限。（如身分權不得繼承）。另依民法第1148-1條規定，**繼承人在繼承開始前二年內，從被繼承人受有財產之贈與者，該財產視為其所得遺產。**

2. **被繼承人繼承債務之規定**

　　債務本為義務的一種，但民法為保護繼承人，在民法第1148條第2項亦同時規定：繼承人對於被繼承人之債務，以因繼承所得遺產為限，負清償責任。但是同法第1163條也規定繼承人若有以下三種狀況就不予保護：一、隱匿遺產情節重大。二、在遺產清冊為虛偽之記載情節重大。三、意圖詐害被繼承人之債權人之權利而為遺產之處分。

3. **繼承之拋棄規定**

　　依民法第1174條規定，繼承人得**拋棄繼承**，並應於知悉其得**繼承之時起三個月內，以書面向法院為之。**並應以書面通知因其拋棄而應為繼承之人。但不能通知者，不在此限。

4. **無人承認的繼承**

　　無人承認之遺產，依民法第1185條規定，**其遺產於清償債權並交付遺贈物後，如有剩餘，歸屬國庫。**

5. **通常情況遺產分配的方式**

　　A. 被繼承人可以遺囑自由處分遺產：依民法1187條規定，遺囑人於不違反關於特留分規定範圍內，得以遺囑自由處分遺產。

　　B. 繼承人協議分割遺產：依民法第1164條規定，除法律（例如未完納遺產稅前不可分割）另有規定或契約另有訂定者外，繼承人得隨時請求分割遺產。

　　C. 依應繼分分配遺產：**未有其他規定狀況先行使用下，依應繼分處理，其份額依民法第1144條及1223條規定。應**

繼分與特留分份額說明如表12-1。

被繼承人配偶與各順位共同繼承時應繼分與特留分規定表（表12-1）

	應繼分		特留分
	配偶	該順位	
第一順位：直系血親卑親屬	配偶與該順位每人均分	配偶與該順位每人均分	1. 配偶特留分為應繼分的二分之一。 2. 直系血親卑親屬特留分為應繼分的二分之一。 3. 父母特留分為應繼分之二分之一。 4. 兄弟姊妹特留分為應繼分的三分之一。 5. 祖父母特留分為應繼分的三分之一。
第二順位：父母	二分之一	二分之一	
第三順位：兄弟姊姊	二分之一	二分之一	
第四順位：祖父母	三分之二	三分之一	
1. 同一順位所分配的應繼分與特留分，應以均分處理 2. 第一順位代位繼承人有數人時，以原繼承人的份額為準。			

6. 不同狀況遺產稅繳納義務人規定

　　A. 有遺囑執行人：為遺囑執行人。

　　B. 無遺囑執行人：繼承人及受遺贈人。

　　C. 無遺囑執行人及繼承人：遺產管理人。

六、夫妻剩餘財產分配權的應用

1. 民法規定的夫妻財產制有幾種

　　依照民法規定，夫妻得於結婚前或結婚後，以契約就本法所定之約定財產制中，選擇其一為其夫妻財產制。夫妻可以書面向法院申請分別財產制或共同財產制，若夫妻未以契約訂立夫妻財產制者，除本法另有規定外，以法定財產制，為其夫妻財產制。

當然夫妻於婚姻關係存續中，得以契約廢止其財產契約，或改用他種約定財產制。

2. 法定財產制的規定

A. 夫或妻之財產分為婚前財產與婚後財產，由夫妻各自所有。不能證明為婚前或婚後財產者，推定為婚後財產；不能證明為夫或妻所有之財產，推定為夫妻共有。

B. 夫或妻婚前財產，於婚姻關係存續中所生之孳息，視為婚後財產。

C. 夫妻以契約訂立夫妻財產制後，於婚姻關係存續中改用法定財產制者，其改用前之財產視為婚前財產。

D. 夫妻各自對其債務負清償之責。

E. 夫妻之一方以自己財產清償他方之債務時，雖於婚姻關係存續中，亦得請求償還。

3. 法定財產制關於夫妻剩餘財產分配請求權相關的規定

依民法第1030-1條的規定：

法定財產制關係消滅時，夫或妻現存之婚後財產，扣除婚姻關係存續所負債務後，如有剩餘，其雙方剩餘財產之差額，應平均分配。但下列財產不在此限：

一、因繼承或其他無償取得之財產。

二、慰撫金。

依前項規定，平均分配顯失公平者，法院得調整或免除其分配額。

第一項請求權，不得讓與或繼承。但已依契約承諾，或已起訴者，不在此限。

第一項剩餘財產差額之分配請求權，自請求權人知有剩餘財產之差額時起，二年間不行使而消滅。自法定財產制關係消滅時

起，逾五年者，亦同。

依民法第1030-2條規定：

夫或妻之一方以其婚後財產清償其婚前所負債務，或以其婚前財產清償婚姻關係存續中所負債務，除已補償者外，於法定財產制關係消滅時，應分別納入現存之婚後財產或婚姻關係存續中所負債務計算。

夫或妻之一方以其前條第一項但書之財產清償婚姻關係存續中其所負債務者，適用前項之規定。

依民法第1030-3條規定：

夫或妻為減少他方對於剩餘財產之分配，而於法定財產制關係消滅前五年內處分其婚後財產者，應將該財產追加計算，視為現存之婚後財產。但為履行道德上義務所為之相當贈與，不在此限。

前項情形，分配權利人於義務人不足清償其應得之分配額時，得就其不足額，對受領之第三人於其所受利益內請求返還。但受領為有償者，以顯不相當對價取得者為限。

前項對第三人之請求權，於知悉其分配權利受侵害時起二年間不行使而消滅。自法定財產制關係消滅時起，逾五年者，亦同。

4. 應否列入夫妻剩餘財產分配權的項目舉例

我們知道夫妻剩餘財產分配請求權，是從婚姻關係適用法定財產權開始，一直到法定財產權關係消滅止，夫妻在當中共創的財富應共同均等享受的概念。所以到底何種情況或是財產是適用的呢？我們來舉例並說明如下：

A. **婚後財產**：婚後財產指夫妻從適用法定財產制開始到消滅期間，夫或妻個別，或兩者共同創造的收入以及用此

等收入理財賺取的資產總和。例如夫在期間創造100萬資產，妻創造80萬資產。假設暫不考慮婚前財產，則法定財產制消滅時，夫妻共同創造180萬的財富應均分各90萬，所以妻子可以向丈夫請求10萬元（90萬減80萬）之剩餘財產分配請求權。

B. **在使用法定財產權的前提下，婚前財產在婚姻關係存續中產生的孳息屬婚後財產：**

婚前財產是不計入夫妻剩餘財產分配請求權的範圍，但是進入婚後財產之後，產生的孳息要計入。例如夫妻一結婚即適用法定財產制，夫在婚前有股票100萬元，在法定財產關係消滅時該股票已值120萬（假設持續持有），因此增值的20萬屬於婚後財產。若是夫除了此原始100萬股票之外，並無其他婚前財產，且除了此股票還積累另外50萬資產。而妻子則無婚前財產，但之後積累30萬婚後財產。我們如何計算夫妻剩餘財產分配權的範圍？首先我們要計算夫在法定財產消滅時的總財產股票120萬及50萬其他資產共170萬，但其中有100萬是婚前財產。所以夫在適用法定財產期間共增加70萬（170萬減100萬）的資產，而妻子增加30萬（30萬減零婚前資產）。因此夫妻適用法定財產期間共增加100萬（丈夫70萬加妻30萬），這增加的100萬需均分各為50萬。所以妻子得向丈夫請求20萬（50萬減30萬），經請求後，法定財產消滅時，妻財產為30萬加20萬計50萬，夫財產170萬減20萬等於150萬。

C. **因繼承或無償取得的財產：** 若是夫或妻在適用法定財產取得的財產，因為是一方無償取得，並非夫妻共同創

造，所以不列入夫妻剩餘財產分配權的範圍。例如，暫不考慮婚前財產，在法定財產消滅時，丈夫有財產100萬，妻有財產80萬，但其中有10萬是無償取得，所以計入請求權有夫100萬及妻70萬，共170萬，應此各分配85萬。此情況妻可向丈夫請求15萬，最後夫財產應爲100萬減15萬計85萬，妻爲80萬加15萬計95萬。

5. 夫妻剩餘財產分配請求權之應用

   A. **對婚姻中經濟弱勢者的保障**：不論「男主外，女主內」或是「女主外，男主內」。在婚姻關係中，不論是誰在外打拼事業，或是誰在持家，讓另一半無後顧之憂開創事業。兩方性別平權，都肯定對家庭婚姻的貢獻。因此**若在婚姻關係結束，如離婚或一方於婚姻存續中身故，若是家庭採用法定財產制，則在婚姻中增長的財富應平分共享**。也因如此，**婚姻中經濟弱勢的一方可以要求夫妻剩餘財產差額分配權**，以保障日後的生活。

   B. **當財富較多一方身故，發動夫妻剩餘財產分配權可以降低遺產稅額**：茲舉一例說明。

 案例

一、案例簡介：

　　李自強與黃美惠於數年前結婚，兩人都是再婚，夫妻財產制未做任何約定。婚後並互相收養他方子女，李自強的兒子現已成年在父親公司上班，黃美惠的女兒今年16歲。李自強於婚後與友人合資創業，由於趕上商品趨勢，獲利甚豐，爲擴大產

銷規模，幾年的營收利潤都轉增資留在公司，因此資本額大增。李先生與友人為大股東每人有45%持股。李太太為家管並兼自由作家，平常向報社投稿有些許稿費收入。李自強婚後購買A住房登記於自己名下，另有一戶也是婚後所購郊區B小套房登記為李太太所有。前幾日李先生出差遇車禍罹難。李家整理出李先生及太太的資產負債狀況如下：

資產所有權人	婚前財產狀況	李先生身故時財產狀況
李先生	現金2,000萬	現金450萬
	共同基金500萬	共同基金600萬
	債券2,000萬	A房4,500萬
		股權5,000萬（未上市）
		個人負債（500）萬
李先生資產淨值小計	**4,500萬**	**10,050萬**
李太太	現金100萬	現金200萬
	股票300萬	共同基金50萬
		股票450萬
		B套房200萬
		個人負債（100）萬
李太太資產淨值小計	**400萬**	**800萬**

二、未做夫妻財產分配請求權前，李先生身故時其資產淨值額為1億50萬元。太太800萬。（資產減負債後之金額：李先生資產10,550萬 – 負債500萬 = 10,050萬，李太太資產900萬 – 負債100萬 = 800萬）

三、李太太發動夫妻剩餘財產差額分配請求權：

1. 李先生婚前財產為4,500萬，婚後財產計入分配為10,050萬，因此李先生在婚後資產增加5,550萬（10,050萬減4,500萬）。

2. 李太太婚前財產為400萬，婚後財產計入分配為800萬，因此李太太在婚後資產增加400萬（800萬減400萬）。

3. 夫妻婚後增加的財產總共5,550萬加400萬共5,950萬，應平均分配為2,975萬（5,950萬除於2）。所以先生的財產中要移給太太2,175萬（2,975萬減800萬），太太最後在先生身故應分得財產為3,075萬（2,175萬加900萬），負債維持100萬。如此，可以增加太太以後生活的保障。

4. 先生於身故時的財產應變為8,375萬（從10,550萬資產中，需移轉2,175萬給太太），負債500萬，資產淨額7,875萬。

5. 因此先生的資產淨額也減少2,175萬，以10%稅率計算，節稅額217.5萬。

附錄一
勞保、勞退有關老年給付
請領條件與給付標準

一、勞工保險各項請領條件

(一) 老年年金給付

- 請領條件

  1. 年滿60歲，保險年資合計滿15年，並辦理離職退保者。

     ※上開請領年齡自98年至106年為60歲，107年提高為61歲，109年提高為62歲，111年提高為63歲，113年提高為64歲，115年以後為65歲。

請領年齡	60	61		62		63		64		65	
民國	98-106	107	108	109	110	111	112	113	114	115	116
出生年次	46年以前出生	47		48		49		50		51年以後出生	

  2. 擔任具有危險、堅強體力等特殊性質之工作合計滿15年，年滿55歲，並辦理離職退保者。

     ※行政院勞工委員會97年12月25日勞保2字第0970140623號令：「具有危險、堅強體力等特殊性質之工作」，指從事符合異常氣壓危害預防標準規定之下列工作，並自中華民國98年1月1日生效：

     (1) 高壓室內作業。

     (2) 潛水作業。

  3. 勞工之勞工保險年資未滿15年，但併計國民年金保險之年資滿15年，於年滿65歲時，得選擇請領勞保老年年金給付。

     ※注意事項：

  1. 被保險人請領老年年金給付，於離職退保之翌日始具備請

領資格。如離職退保日爲該月最後一日者，應自次月起，
按月發給。

2. 領取老年年金給付之後死亡，如果有未及撥入死者帳戶的
老年年金，得由其法定繼承人請領。如果死者有老年給付
差額，得由符合規定的受益人，另外再選擇請領差額。

（資料來源：勞保局2015/4/23）

- 給付標準

  1. 給付標準

     依下列2種方式擇優發給：

     平均月投保薪資×年資×0.775% + 3,000元。

     平均月投保薪資×年資×1.55%。

     ＊平均月投保薪資較高或年資較長者，選擇第2式較有
     利。

     ＊舉例：陳先生爲45年出生，60歲退休時，保險年資35年
     又5個多月，平均月投保薪資32,000元。

     每月年金金額：

     $$32,000 \times (35 + 6/12) \times 1.55\% = 17,608 \text{ 元}$$

  2. 展延年金

     每延後1年請領，依原計算金額增給4%，最多增給20%。

     舉例：上述陳先生繼續工作延至63歲退休，保險年資38年
     又3個多月，平均月投保薪資32,000 元。

     每月年金金額：

     $$32,000 \times (38 + 4/12) \times 1.55\% = 19,012$$

     $$19,012 \times (1 + 4\% \times 3) = 21,293 \text{元}。$$

  3. 減額年金

     被保險人保險年資合計滿15年，惟尚未符合本條例所定老

年年金請領年齡條件者，得提前請領老年年金，每提前1年，依原計算金額減給4%，以提前5年請領為限。

舉例：上述陳先生57歲退休時，保險年資32年又11個多月，平均月投保薪資32,000元，其欲提前3年請領老年年金。

每月年金金額：

$$32,000 \times 33 \times 1.55\% = 16,368$$

$$16,368 \times (1 - 4\% \times 3) = 14,404 元。$$

（資料來源：勞保局2015/4/23）

(二) 老年一次金給付

- **請領條件**

年滿60歲（上開請領年齡自98年至106年為60歲，107年提高為61歲，109年提高為62歲，111年提高為63歲，113年提高為64歲，115年以後為65歲。），保險年資合計未滿15年，並辦理離職退保者。

- **給付標準**

給付金額＝平均月投保薪資×給付月數。

（平均月投保薪資按加保期間最高60個月之月投保薪資平均計算；參加保險未滿5年者，按其實際投保年資之平均月投保薪資計算。保險年資合計每滿1年，按其平均月投保薪資發給1個月。保險年資未滿1年者，依其實際加保月數按比例計算；未滿30日者，以1個月計算。逾60歲以後之保險年資，最多以5年計。）

(三) 一次請領老年給付

- **請領條件**

  被保險人於98年1月1日勞工保險條例施行前有保險年資者，於符合以下一定規定時，亦得選擇一次請領老年給付，經本局核付後，不得變更。

  a. 參加保險之年資合計滿1年，年滿60歲或女性被保險人年滿55歲退職者。

  b. 參加保險之年資合計滿15年，年滿55歲退職者。

  c. 在同一投保單位參加保險之年資合計滿25年退職者。

  d. 參加保險之年資合計滿25年，年滿50歲退職者。

  f. 擔任具有危險、堅強體力等特殊性質之工作合計滿5年，年滿55歲退職者。

  g 轉投軍人保險、公教人員保險，符合勞工保險條例第76條保留勞保年資規定退職者。

- **給付標準**

  給付金額＝平均月投保薪資×給付月數。

  （平均月投保薪資，按退保當月起前 3 年之實際月投保薪資平均計算；參加保險未滿3年者，按其實際投保年資之平均月投保薪資計算。保險年資合計每滿1年，按其平均月投保薪資發給1個月；保險年資合計超過15年者，超過部分，每滿1年發給2個月，最高以45個月為限。被保險人逾60歲繼續工作者，其逾60歲以後之保險年資，最多以5年計，合併60歲以前之一次請領老年給付，最高以50個月為限。保險年資未滿 1 年者，依其實際加保月數按比例計算；未滿30日者，以1個月計算。）

二、勞退舊制請領條件及給付標準

- 請領條件：（同一事業單位）

自願退休條件：

(1) 工作十五年以上（同一受雇單位），年滿五十五歲者。

(2) 工作二十五年以上者（同一受雇單位）。

(3) 工作十年以上（同一受雇單位），年滿六十歲者。

強制退休條件：

(1) 年滿六十五歲者。

(2) 心神喪失或身體殘廢不堪勝任工作者。

（資料來源：勞動部2015/4/24）

- 給付標準

按其工作年資，每滿一年給與兩個基數。但超過十五年之工作年資，每滿一年給與一個基數，最高總數以四十五個基數為限。未滿半年者，以半年計；滿半年者以一年計。但是強制退休之勞工，其心神喪失或身體殘廢係因執行職務所致者，依前款規定加給百分之二十。

三、勞退新制請領條件及給付標準

(一) 請領一次退休金條件與給付標準

- 請領條件

1. 勞工年滿60歲，工作年資未滿15年者，請領一次退休金。

2. 工作年資以有實際提繳退休金之月數計算，年資中斷者，其前後提繳年資合併計算。

3. 年齡以戶籍之記載為準，自出生之日起實足計算。

（資料來源：勞保局2015/4/23）

- **給付標準**

  1. 退休金之計算方式，係以核定時已提繳入專戶之本金及累積收益合計為準，其後所提繳之金額，勞保局將無息核發請領人。

  2. 累積收益金額除已分配入專戶之收益外，尚未分配期間之收益，以勞工申請當月勞動部勞動基金運用局公告最近月份之收益率，計算至申請當月止。

  3. 勞工退休金運用收益，不得低於當地銀行2年定期存款利率，如有不足由國庫補足之。該保證收益之計算，係自勞工開始提繳至依法領取退休金期間，各年度實際分配收益累計數與同期間保證收益累計數比較，如果實際分配收益累計數低於保證收益累計數，依法補足之。

  4. 當地銀行2年定期存款利率，指依臺灣銀行、第一銀行、合作金庫銀行、華南銀行、土地銀行、彰化銀行等6家行庫每月第1個營業日牌告2年期小額定期存款之固定利率，計算之平均年利率。勞動部勞動基金運用局每月公告當月之最低保證收益率。

  （資料來源：勞保局2015/4/23）

(二) 請領月退休金條件與給付標準

- **請領條件**

  1. 勞工年滿60歲，工作年資滿15年以上者，請領月退休金。（行政院於2015年10月29日核定開放一次領或月領可擇一）

  2. 工作年資以有實際提繳退休金之月數計算，年資中斷者，其前後提繳年資合併計算。勞工全額移入結清舊制工作年

資之退休金者，併計新制、舊制工作年資滿15年以上。

3. 年齡以戶籍之記載為準，自出生之日起實足計算。

（資料來源：勞保局2015/4/23）

- **給付標準**

1. 勞工退休金條例第25條規定之年金保險尚未開辦前，領取月退休金之計算方式，係將個人退休金專戶內累積本金（含申請當月及前1個月因提繳時差尚未繳納之退休金）及累積收益金額，依據年金生命表，以平均餘命、利率等因素精算每月應核發退休金金額，分期按季發給。

2. 累積收益金額除已分配入專戶之收益外，尚未分配期間之收益，以勞工申請當月勞動部勞動基金運用局公告最近月份之收益率，計算至申請當月止。

3. 勞工退休金運用收益，不得低於當地銀行2年定期存款利率，如有不足由國庫補足之。該保證收益之計算，係自勞工開始提繳至依法領取退休金期間，各年度實際分配收益累計數與同期間保證收益累計數比較，如果實際分配收益累計數低於保證收益累計數，依法補足之。

4. 當地銀行2年定期存款利率，指依臺灣銀行、第一銀行、合作金庫銀行、華南銀行、土地銀行、彰化銀行等6家行庫每月第1個營業日牌告2年期小額定期存款之固定利率，計算之平均年利率。勞動部勞動基金運用局每月公告當月之最低保證收益率。

5. 年金生命表、平均餘命、利率以勞工申請月退休金時本局公告適用之資料為準，開辦後至少每3年檢討一次。嗣後於每3年檢討調整之年金生命表、平均餘命、利率內容報請勞動部核准後公告，惟修正之內容對已受領月退休金中

之案件，其年金生命表及平均餘命不再變動，利率隨每3年之調整結果，須重新計算月退休金額。（資料來源：勞保局2015/4/23）

（以上資料於全國法規資料庫搜集整理2015/7/15）

附錄二
信託相關稅捐規定

稅捐別	條文號	法條內容
所得稅	3-2條	（營利事業成立信託時非委託人之受益人課所得稅規定） 委託人為營利事業之信託契約，信託成立時，明定信託利益之全部或一部之受益人為非委託人者，該受益人應將享有信託利益之權利價值，併入成立年度之所得額，依本法規定課徵所得稅。 （營利事業成立信託於存續期間將部分委託人權益變更為非委託人應課所得稅規定） 前項信託契約，明定信託利益之全部或一部之受益人為委託人，於信託關係存續中，變更為非委託人者，該受益人應將其享有信託利益之權利價值，併入變更年度之所得額，依本法規定課徵所得稅。 （營利事業成立之信託於關係存續中追加信託財予非委託人之受益人應課所得稅規定） 信託契約之委託人為營利事業，信託關係存續中追加信託財產，致增加非委託人享有信託利益之權利者，該受益人應將其享有信託利益之權利價值增加部分，併入追加年度之所得額，依本法規定課徵所得稅。 （營利事業成立之信託受益人不特定或尚未存在者，應以受託人為扣繳義務人及其相關規定） 前三項受益人不特定或尚未存在者，應以受託人為納稅義務人，就信託成立、變更或追加年度受益人享有信託利益之權利價值，於第七十一條規定期限內，按規定之扣繳率申報納稅；其扣繳率由財政部擬訂，報請行政院核定發布之。
所得稅	3-3條	（信託財產移轉不課所得稅情形） 信託財產於左列各款信託關係人間，基於信託關係移轉或為其他處分者，不課徵所得稅： 一、因信託行為成立，委託人與受託人間。

		二、信託關係存續中受託人變更時，原受託人與新受託人間。 三、信託關係存續中，受託人依信託本旨交付信託財產，受託人與受益人間。 四、因信託關係消滅，委託人與受託人間或受託人與受益人間。 五、因信託行為不成立、無效、解除或撤銷，委託人與受託人間。 前項信託財產在移轉或處分前，因受託人管理或處分信託財產發生之所得，應依第三條之四規定課稅。
所得稅	3-4條	（一人受益人年度信託收入課稅規定） 信託財產發生之收入，受託人應於所得發生年度，按所得類別依本法規定，減除成本、必要費用及損耗後，分別計算受益人之各類所得額，由受益人併入當年度所得額，依本法規定課稅。 （數人受益人年度信託收入課稅規定） 前項受益人有二人以上時，受託人應按信託行為明定或可得推知之比例計算各受益人之各類所得額；其計算比例不明或不能推知者，應按各類所得受益人之人數平均計算之。 （受益人不特定或尚未存在者年度信託收入扣繳規定） 受益人不特定或尚未存在者，其於所得發生年度依前二項規定計算之所得，應以受託人為納稅義務人，於第七十一條規定期限內，按規定之扣繳率申報納稅，其依第八十九條之一第二項規定計算之已扣繳稅款，得自其應納稅額中減除；其扣繳率，由財政部擬訂，報請行政院核定。 （未辦理報稅依查得資料課稅及公益信託受益人所得課稅規定） 受託人未依第一項至第三項規定辦理者，稽徵機關應按查得之資料核定受益人之所得額，依本法規定課稅。

		符合第四條之三各款規定之公益信託，其信託利益於實際分配時，由受益人併入分配年度之所得額，依本法規定課稅。
		（信託基金分配信託利益予受益人課稅規定）依法經行政院金融監督管理委員會核准之共同信託基金、證券投資信託基金、期貨信託基金或其他信託基金，其信託利益於實際分配時，由受益人併入分配年度之所得額，依本法規定課稅。
所得稅	4-3條	（營利事業參加符合規定公益信託該受益人享有該信託利益免稅規定）營利事業提供財產成立、捐贈或加入符合左列各款規定之公益信託者，受益人享有該信託利益之權利價值免納所得稅，不適用第三條之二及第四條第一項第十七款但書規定： 一、受託人為信託業法所稱之信託業。 二、各該公益信託除為其設立目的舉辦事業而必須支付之費用外，不以任何方式對特定或可得特定之人給予特殊利益。 三、信託行為明定信託關係解除、終止或消滅時，信託財產移轉於各級政府、有類似目的之公益法人或公益信託。
所得稅	6-1條	（個人或營利事業捐贈公益得列扣除額或提列費用規定）個人及營利事業成立、捐贈或加入符合第四條之三各款規定之公益信託之財產，適用第十七條及第三十六條有關捐贈之規定。 註： 17條：「（二）列舉扣除額： 　　　　1.捐贈：納稅義務人、配偶及受扶養親屬對於教育、文化、公益、慈善機構或團體之捐贈總額最高不超過綜合所得總額百分之二十為限。」 36條：「營利事業之捐贈，得依左列規定，列為當年度費用或損失：二、除前款規定之捐贈外，凡對合於第十一條第四項規定之機關、團體之捐贈，以不超過所得額百分之十為限。」

		11條：「本法稱教育、文化、公益、慈善機關或團體，係以合於民法總則公益社團及財團之組織，或依其他關係法令，經向主管機關登記或立案成立者為限。」
所得稅	6-2條	（受託人信託憑證保存） 信託行為之受託人就各信託，應分別設置帳簿，詳細記載各信託之收支項目，其支出並應取得憑證。
所得稅	17條（二）列舉扣除額之捐贈	（個人捐贈公益列舉扣除額之規定） 1. 捐贈：納稅義務人、配偶及受扶養親屬對於教育、文化、公益、慈善機構或團體之捐贈總額最高不超過綜合所得總額百分之二十為限。
所得稅	36條	（營利事業捐贈公益列年度費損限額規定） 所得稅法第36條：「營利事業之捐贈，得依左列規定，列為當年度費用或損失： 一、為協助國防建設、慰勞軍隊、對各級政府之捐贈，以及經財政部專案核准之捐贈，不受金額限制。 二、除前款規定之捐贈外，凡對合於第十一條第四項規定之機關、團體之捐贈，以不超過所得額百分之十為限。」
所得稅	89-1條	（扣繳義務人的扣繳規定） 第三條之四信託財產發生之收入，扣繳義務人應於給付時，以信託行為之受託人為納稅義務人，依前二條規定辦理。但扣繳義務人給付第三條之四第五項規定之公益信託之收入，除依法不併計課稅之所得外，得免依第八十八條規定扣繳稅款。 信託行為之受託人依第九十二條之一規定開具扣繳憑單時，應以前項各類所得之扣繳稅款為受益人之已扣繳稅款；受益人有二人以上者，受託人應依第三條之四第二項規定之比例計算各受益人之已扣繳稅款。 受益人為非中華民國境內居住之個人或在中華民國境內無固定營業場所之營利事業者，應以受託人為扣繳義務人，就其依第三條之四第一

		項、第二項規定計算之該受益人之各類所得額，依第八十八條規定辦理扣繳。但該受益人之前項已扣繳稅款，得自其應扣繳稅款中減除。 受益人為總機構在中華民國境外而在中華民國境內有固定營業場所之營利事業，其信託收益中屬獲配之股利淨額或盈餘淨額者，準用前項規定。 第三條之四第五項、第六項規定之公益信託或信託基金，實際分配信託利益時，應以受託人為扣繳義務人，依前二條規定辦理。
所得稅	92-1條	（受託人年底報告及稅務整理義務） 信託行為之受託人應於每年一月底前，填具上一年度各信託之財產目錄、收支計算表及依第三條之四第一項、第二項、第五項、第六項應計算或分配予受益人之所得額、第八十九條之一規定之扣繳稅額資料等相關文件，依規定格式向該管稽徵機關列單申報；並應於二月十日前將扣繳憑單或免扣繳憑單及相關憑單填發納稅義務人。每年一月遇連續三日以上國定假日者，信託之財產目錄、收支計算表及相關文件申報期間延長至二月五日止，扣繳憑單或免扣繳憑單及相關憑單填發期間延長至二月十五日止。
所得稅	111-1條	（受託人未依規定稅務處理之罰責） 信託行為之受託人短漏報信託財產發生之收入或虛報相關之成本、必要費用、損耗，致短計第三條之四第一項、第二項、第五項、第六項規定受益人之所得額，或未正確按所得類別歸類致減少受益人之納稅義務者，應按其短計之所得額或未正確歸類之金額，處受託人百分之五之罰鍰。但最高不得超過三十萬元，最低不得少於一萬五千元。 信託行為之受託人未依第三條之四第二項規定之比例計算各受益人之各類所得額者，應按其計算之所得額與依規定比例計算之所得額之差額，處受託人百分之五之罰鍰。但最高不得超過三十萬元，最低不得少於一萬五千元。

		信託行為之受託人未依限或未據實申報或未依限填發第九十二條之一規定之相關文件或扣繳憑單或免扣繳憑單及相關憑單者，應處該受託人七千五百元之罰鍰，並通知限期補報或填發；屆期不補報或填發者，應按該信託當年度之所得額，處受託人百分之五之罰鍰。但最高不得超過三十萬元，最低不得少於一萬五千元。
遺產及贈與稅	3-2條	（遺囑信託成立應納遺產稅） 因遺囑成立之信託，於遺囑人死亡時，其信託財產應依本法規定，課徵遺產稅。 （信託關係存續中受益人死亡時未受領部分應納遺產稅） 信託關係存續中受益人死亡時，應就其享有信託利益之權利未領受部分，依本法規定課徵遺產稅。
遺產及贈與稅	5-1條	（信託成立非委託人之受益權應課贈與稅） 信託契約明定信託利益之全部或一部之受益人為非委託人者，視為委託人將享有信託利益之權利贈與該受益人，依本法規定，課徵贈與稅。 （信託關係存續中原委託人部分受益權變更非委託人時應課贈與稅） 信託契約明定信託利益之全部或一部之受益人為委託人，於信託關係存續中，變更為非委託人者，於變更時，適用前項規定課徵贈與稅。 （信託關係存續中追加信託財產為非委託人受益部分應課贈與稅） 信託關係存續中，委託人追加信託財產，致增加非委託人享有信託利益之權利者，於追加時，就增加部分，適用第一項規定課徵贈與稅。 （委託人特殊情況贈與稅納稅義務人的規定） 前三項之納稅義務人為委託人。但委託人有第七條第一項但書各款情形之一者，以受託人為納稅義務人。

		備註：第7條規定 贈與稅之納稅義務人為贈與人。但贈與人有下列情形之一者，以受贈人為納稅義務人： 一、行蹤不明。 二、逾本法規定繳納期限尚未繳納，且在中華民國境內無財產可供執行。 三、死亡時贈與稅尚未核課。 依前項規定受贈人有二人以上者，應按受贈財產之價值比例，依本法規定計算之應納稅額，負納稅義務。
遺產及 贈與稅	5-2條	（信託財產移轉不課贈與稅之情況） 信託財產於左列各款信託關係人間移轉或為其他處分者，不課徵贈與稅： 一、因信託行為成立，委託人與受託人間。 二、信託關係存續中受託人變更時，原受託人與新受託人間。 三、信託關係存續中，受託人依信託本旨交付信託財產，受託人與受益人間。 四、因信託關係消滅，委託人與受託人間或受託人與受益人間。 五、因信託行為不成立、無效、解除或撤銷，委託人與受託人間。
遺產及 贈與稅	10-1條	（信託存續中受益人死亡未受領部分課遺產稅額規定） 依第三條之二第二項規定應課徵遺產稅之權利，其價值之計算，依左列規定估定之： 一、享有全部信託利益之權利者，該信託利益為金錢時，以信託金額為準，信託利益為金錢以外之財產時，以受益人死亡時信託財產之時價為準。 二、享有孳息以外信託利益之權利者，該信託利益為金錢時，以信託金額按受益人死亡時起至受益時止之期間，依受益人死亡時郵政儲金匯業局一年期定期儲金固定利率複利折算現值計算之；信託利益為金錢以外之財產時，以受益人死亡時信託財產之時價，按受益人死亡時起至受益時止之期間，依受益人死亡時郵政儲金匯業局一年期定期儲金固定利率複利折算現值計算之。

| | | 三、享有孳息部分信託利益之權利者，以信託金額或受益人死亡時信託財產之時價，減除依前款規定所計算之價值後之餘額為準。但該孳息係給付公債、公司債、金融債券或其他約載之固定利息者，其價值之計算，以每年享有之利息，依受益人死亡時郵政儲金匯業局一年期定期儲金固定利率，按年複利折算現值之總和計算之。
四、享有信託利益之權利為按期定額給付者，其價值之計算，以每年享有信託利益之數額，依受益人死亡時郵政儲金匯業局一年期定期儲金固定利率，按年複利折算現值之總和計算之；享有信託利益之權利為全部信託利益扣除按期定額給付後之餘額者，其價值之計算，以受益人死亡時信託財產之時價減除依前段規定計算之價值後之餘額計算之。
五、享有前四款所規定信託利益之一部者，按受益比率計算之。

註：
3-2條第2項：「信託關係存續中受益人死亡時，應就其享有信託利益之權利未領受部分，依本法規定課徵遺產稅。」 |
| 遺產及贈與稅 | 10-2條 | （信託成立非委託人之受益權應課贈與稅價額規定）
依第五條之一規定應課徵贈與稅之權利，其價值之計算，依左列規定估定之：
一、享有全部信託利益之權利者，該信託利益為金錢時，以信託金額為準；信託利益為金錢以外之財產時，以贈與時信託財產之時價為準。
二、享有孳息以外信託利益之權利者，該信託利益為金錢時，以信託金額按贈與時起至受益時止之期間，依贈與時郵政儲金匯業局一年期定期儲金固定利率複利折算現值計算之；信託利益為金錢以外之財產時，以贈與時信託財產之時價，按贈與時起至 |

		受益時止之期間，依贈與時郵政儲金匯業局一年期定期儲金固定利率複利折算現值計算之。
		三、享有孳息部分信託利益之權利者，以信託金額或贈與時信託財產之時價，減除依前款規定所計算之價值後之餘額為準。但該孳息係給付公債、公司債、金融債券或其他約載之固定利息者，其價值之計算，以每年享有之利息，依贈與時郵政儲金匯業局一年期定期儲金固定利率，按年複利折算現值之總和計算之。
		四、享有信託利益之權利為按期定額給付者，其價值之計算，以每年享有信託利益之數額，依贈與時郵政儲金匯業局一年期定期儲金固定利率，按年複利折算現值之總和計算之；享有信託利益之權利為全部信託利益扣除按期定額給付後之餘額者，其價值之計算，以贈與時信託財產之時價減除依前段規定計算之價值後之餘額計算之。
		五、享有前四款所規定信託利益之一部者，按受益比率計算之。 註： 5-1條：（信託成立非委託人之受益權應課贈與稅）
遺產及贈與稅	16-1條	（遺產加入被繼承人死亡前合於規定公益信託免計入遺產總額規定） 遺贈人、受遺贈人或繼承人提供財產，捐贈或加入於被繼承人死亡時已成立之公益信託並符合在列各款規定者，該財產不計入遺產總額： 一、受託人為信託業法所稱之信託業。 二、各該公益信託除為其設立目的舉辦事業而必須支付之費用外，不以任何方式對特定或可得特定之人給予特殊利益。 三、信託行為明定信託關係解除、終止或消滅時，信託財產移轉於各級政府、有類似目的之公益法人或公益信託。

遺產及贈與稅	20-1條	（委託人參加符合規定公益信託免贈與稅） 因委託人提供財產成立、捐贈或加入符合第十六條之一各款規定之公益信託，受益人得享有信託利益之權利，不計入贈與總額。
遺產及贈與稅	24-1條	（若有公益信託之外的信託贈與額已超過當年免稅額時應依規定申報） 除第二十條之一所規定之公益信託外，委託人有第五條之一應課徵贈與稅情形者，應以訂定、變更信託契約之日為贈與行為發生日，依前條第一項規定辦理。 註： 前條（24條）第1項：「除第二十條所規定之贈與外（免計入贈與總額），贈與人在一年內贈與他人之財產總值超過贈與稅免稅額時，應於超過免稅額之贈與行為發生後三十日內，向主管稽徵機關依本法規定辦理贈與稅申報。」
土地稅	3-1條	（信託期間地價稅納稅之規定） 土地為信託財產者，於信託關係存續中，以受託人為地價稅或田賦之納稅義務人。 前項土地應與委託人在同一直轄市或縣（市）轄區內所有之土地合併計算地價總額，依第十六條規定稅率課徵地價稅，分別就各該土地地價占地價總額之比例，計算其應納之地價稅。但信託利益之受益人為非委託人且符合左列各款規定者，前項土地應與受益人在同一直轄市或縣（市）轄區內所有之土地合併計算地價總額： 一、受益人已確定並享有全部信託利益者。 二、委託人未保留變更受益人之權利者。
土地稅	5-2條	（土地信託財產所有權移轉時土地增稅納稅義務人規定） 受託人就受託土地，於信託關係存續中，有償移轉所有權、設定典權或依信託法第三十五條第一項規定轉為其自有土地時，以受託人為納稅義務人，課徵土地增值稅。

		以土地為信託財產，受託人依信託本旨移轉信託土地與委託人以外之歸屬權利人時，以該歸屬權利人為納稅義務人，課徵土地增值稅。
土地稅	28-3條	（土地信託財產所有權移轉不課土地增值稅之情況規定） 土地為信託財產者，於左列各款信託關係人間移轉所有權，不課徵土地增值稅： 一、因信託行為成立，委託人與受託人間。 二、信託關係存續中受託人變更時，原受託人與新受託人間。 三、信託契約明定信託財產之受益人為委託人者，信託關係消滅時，受託人與受益人間。 四、因遺囑成立之信託，於信託關係消滅時，受託人與受益人間。 五、因信託行為不成立、無效、解除或撤銷，委託人與受託人間。
土地稅	31-1條	（經28-3條等之後土地所有權再移轉前次現值認定標準） 依第二十八條之三規定不課徵土地增值稅之土地，於所有權移轉、設定典權或依信託法第三十五條第一項規定轉為受託人自有土地時，以該土地不課徵土地增值稅前之原規定地價或最近一次經核定之移轉現值為原地價，計算漲價總數額，課徵土地增值稅。但屬第三十九條第二項但書規定情形者，其原地價之認定，依其規定。 （經遺囑信託成立之土地計徵土地增值稅時，原地價為死亡時公告現值） 因遺囑成立之信託，於成立時以土地為信託財產者，該土地有前項應課徵土地增值稅之情形時，其原地價指遺囑人死亡日當期之公告土地現值。 （全部自益土地，信託期間受益人身故，有應課土地增值稅時，其原地價之規定） 以自有土地交付信託，且信託契約明定受益人為委託人並享有全部信託利益，受益人於信託

		關係存續中死亡者，該土地有第一項應課徵土地增值稅之情形時，其原地價指受益人死亡日當期之公告土地現值。 前項委託人藉信託契約，不當為他人或自己規避或減少納稅義務者，不適用該項規定。 （土地改良費及增繳地價稅，其計徵土地增值稅時扣減規定） 第一項土地，於計課土地增值稅時，委託人或受託人於信託前或信託關係存續中，有支付第三十一條第一項第二款改良土地之改良費用或同條第三項增繳之地價稅者，準用該條之減除或抵繳規定；第二項及第三項土地，遺囑人或受益人死亡後，受託人有支付前開費用及地價稅者，亦準用之。本法中華民國一百零四年六月十二日修正之條文施行時，尚未核課或尚未核課確定案件，適用前三項規定。
契稅	7-1條	（依信託本旨移轉不動產予非委託人，承受人應申報契稅） 以不動產為信託財產，受託人依信託本旨移轉信託財產與委託人以外之歸屬權利人時，應由歸屬權利人估價立契，依第十六條規定之期限申報繳納贈與契稅。
契稅	14-1條	（不動產信託財產者所有權移轉免課契稅規定） 不動產為信託財產者，於左列各款信託關係人間移轉所有權，不課徵契稅：一、因信託行為成立，委託人與受託人間。 二、信託關係存續中受託人變更時，原受託人與新受託人間。 三、信託契約明定信託財產之受益人為委託人者，信託關係消滅時，受託人與受益人間。 四、因遺囑成立之信託，於信託關係消滅時，受託人與受益人間。 五、因信託行為不成立、無效、解除或撤銷，委託人與受託人間。

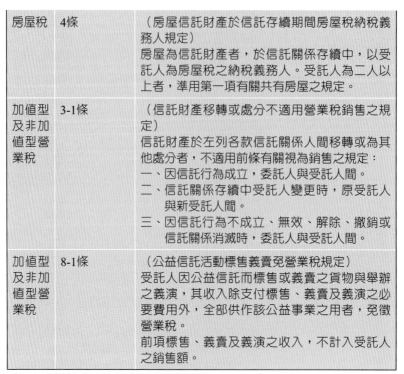

房屋稅	4條	（房屋信託財產於信託存續期間房屋稅納稅義務人規定） 房屋為信託財產者，於信託關係存續中，以受託人為房屋稅之納稅義務人。受託人為二人以上者，準用第一項有關共有房屋之規定。
加值型及非加值型營業稅	3-1條	（信託財產移轉或處分不適用營業稅銷售之規定） 信託財產於左列各款信託關係人間移轉或為其他處分者，不適用前條有關視為銷售之規定： 一、因信託行為成立，委託人與受託人間。 二、信託關係存續中受託人變更時，原受託人與新受託人間。 三、因信託行為不成立、無效、解除、撤銷或信託關係消滅時，委託人與受託人間。
加值型及非加值型營業稅	8-1條	（公益信託活動標售義賣免營業稅規定） 受託人因公益信託而標售或義賣之貨物與舉辦之義演，其收入除支付標售、義賣及義演之必要費用外，全部供作該公益事業之用者，免徵營業稅。 前項標售、義賣及義演之收入，不計入受託人之銷售額。

（以上資料於全國法規資料庫搜集整理2015/7/15）

附錄三
自105/1/1日起廢除
股票證所稅之影響

　　若依立法院於104/11/17日三讀通過的結果，自105/1/1日廢除證所稅（目前規定如表一），這讓股票交易所得稅於105年起歸零。未上市股票原為所得基本條例課徵項目（參考表二），後因未上市股票應課綜所稅，而取消在所得基本條例的課徵範圍，在105年之後，未上市股票交易所得應否需重納入所得基本條例課徵項目，有關規定尚待確認。

表一：股票交易所得稅課稅規定（102年1月1日至104年12月31日）

上市／上櫃	102/1/1起：證券交易所得額以零計算 107/1/1起：年度出售上市櫃及興櫃額超過10億部分，綜所稅分離課稅設算所得額為5%稅率20%，即千分之一。（設算為主，也可選核實）	參考法規：所得稅法第4條之1及14條之2
興櫃	102/1/1起：100張以內證券交易所得額以零計算，超過100張部分（核實為主，稅率15%為綜所稅分離課稅） 107/1/1起：年度出售上市櫃及興櫃額超過10億部分，綜所稅分離課稅設算所得額為5%稅率20%，即等於千分之一。（設算為主，也可選核實）	參考法規：所得稅法第4條之1及14條之2
IPO	102/1/1起：初次上市櫃前取得之股票，於上市櫃後出售者。但排除下列情形： 1. 屬101/12/31日以前初次上市櫃者。 2. 屬承銷取得各該次上市櫃股票數量在10,000股以下：	參考法規：所得稅法第4條之1及14條之2
未上市櫃、非興櫃	102/1/1起：（核實為主，稅率15%為綜所稅分離課稅）	參考法規：所得稅法第4條之1及14條之2。 因102/1/1納入綜所稅，所以取消最低稅負課徵。

表二：所得基本稅額（94/12/28公布）項目變動情形表

項目		變動情況	備註
海外所得			99年實施
保險金（要保人受益人不同人壽及年金保險金）			
有價證券交易所得	私募證券投資基金		
	未上市股票	刪除	
非現金捐贈部分			
員工配股，可處分日次日時價超過面額部分		刪除	

（截至104年11月17日之規定）
（以上資料於全國法規資料庫搜集整理2015/7/15）

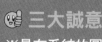

國家圖書館出版品預行編目資料

理財規劃不求人／林東振著. ——初
版. ——臺北市：五南, 2016.01
　面；　公分.
ISBN 978-957-11-8455-5（平裝）

1.理財

563　　　　　　　　104027555

1FW3

理財規劃不求人

作　　　者 ― 林東振

發 行 人 ― 楊榮川

總 編 輯 ― 王翠華

主　　　編 ― 張毓芬

責任編輯 ― 侯家嵐

文字校對 ― 許宸瑞

封面設計 ― 陳翰陞

出 版 者 ― 五南圖書出版股份有限公司

地　　　址：106台北市大安區和平東路二段339號4樓

電　　　話：(02)2705-5066　　傳　真：(02)2706-6100

網　　　址：http://www.wunan.com.tw

電子郵件：wunan@wunan.com.tw

劃撥帳號：01068953

戶　　　名：五南圖書出版股份有限公司

法律顧問　林勝安律師事務所　林勝安律師

出版日期　2016年1月初版一刷

定　　　價　新臺幣350元